외식 창업자를 위한 주방장의

노하우
비법노트

V. 안주류 및 각종 소스류편

Foreign Copyright:
Joonwon Lee
Address: 10, Simhaksan-ro, Seopae-dong, Paju-si, Kyunggi-do,
 Korea
Telephone: 82-2-3142-4151
E-mail: jwlee@cyber.co.kr

Ⅴ. 안주류 및 각종 소스류편

2014. 5. 5. 1판 1쇄 발행
2017. 10. 25. 1판 2쇄 발행

지은이 | 장형심
펴낸이 | 이종춘
펴낸곳 | BM 주식회사 성안당

주소 | 04032 서울시 마포구 양화로 127 첨단빌딩 5층(출판기획 R&D 센터)
     | 10881 경기도 파주시 문발로 112 출판문화정보산업단지(제작 및 물류)
전화 | 02) 3142-0036
     | 031) 950-6300
팩스 | 031) 955-0510
등록 | 1973. 2. 1. 제406-2005-000046호
출판사 홈페이지 | www.cyber.co.kr
내용 문의 | computing899@gmail.com
ISBN | 978-89-315-7713-6 (13590)
     | 978-89-315-7714-3 (세트)
정가 | 26,000원

저자와의
협의하에
검인생략

이 책을 만든 사람들
기획 | 최옥현
사진 | 스튜디오 외식과 창업 김현기, 스탭 김두현
교정 | 이용화
본문 · 표지 디자인 | 상:想 company
홍보 | 박연주
국제부 | 이선민, 조혜란, 김해영
마케팅 | 구본철, 차정욱, 나진호, 이동후, 강호묵
제작 | 김유석

www.cyber.co.kr
성안당 Web 사이트

Copyright © 2014~2017 Sung An Dang, Inc. All rights reserved.
First edition printed in Korea.

이 책의 어느 부분도 저작권자나 BM 주식회사 성안당 발행인의 승인 문서 없이 일부 또는 전부를 사진 복사나 디스크 복사 및 기타 정보 재생 시스템을 비롯하여 현재 알려지거나 향후 발명될 어떤 전기적, 기계적 또는 다른 수단을 통해 복사하거나 재생하거나 이용할 수 없음.

■ 도서 A/S 안내

성안당에서 발행하는 모든 도서는 저자와 출판사, 그리고 독자가 함께 만들어 나갑니다.
좋은 책을 펴내기 위해 많은 노력을 기울이고 있습니다. 혹시라도 내용상의 오류나 오탈자 등이 발견되면 **"좋은 책은 나라의 보배"**로서 우리 모두가 함께 만들어 간다는 마음으로 연락주시기 바랍니다. 수정 보완하여 더 나은 책이 되도록 최선을 다하겠습니다.
성안당은 늘 독자 여러분들의 소중한 의견을 기다리고 있습니다. 좋은 의견을 보내주시는 분께는 성안당 쇼핑몰의 포인트(3,000포인트)를 적립해 드립니다.

잘못 만들어진 책이나 부록 등이 파손된 경우에는 교환해 드립니다.

외식 창업자를 위한 주방장의

V. 안주류 및 각종 소스류편

명품 음식점을 만들기 위한 조건

노하우 비법 노트 교재는 창업자가 필수적으로 읽고 외워야 하는 필독서로 성공적인 창업을 원하신다면 꼭 준비하세요!
특히 장형심 원장님은 조리기능장과 메뉴 개발 분야 최고의 권위자로 많은 외식업을 성공적으로 컨설팅하는 전문가이기도 합니다.

성공한 식당들은 과거의 흐름에서 얻은 교훈을 바탕으로 현재를 일궈 내는 능력이 대부분 탁월합니다. 21세기에 외식 사업으로 성공하려면 미래의 변화 추이를 예측하고 철저하게 준비해야만 합니다.
과거와 현재 그리고 미래에 성공을 했거나 할 식당들의 핵심적인 성공 요소들은 각각 다를 것입니다. 성공적인 경영은 구성원과 조직이 현재의 트렌드를 제대로 읽고 또 그에 따른 정교한 지식들을 얼마만큼 습득하고 있는가에 달려 있습니다. 이 책에서는 트렌드를 읽는 경영이 얼마나 소중하고 피할 수 없는 대세인가를 일목요연하게 꼬집어 들어가고 있습니다. 더불어 외식 경영자에게 그런 마인드를 갖도록 경각심을 더욱 불러일으켜 줄 것입니다.
현재 외식 업계는 빈사 상태에 놓여 있습니다. 치열한 경쟁, 대기업의 참여, 요동치는 경제, 소비자 욕구의 다양함 등으로 나날이 어려워지고 있습니다.
최근 통계에 따르면 자영업자 신고 업체 중 1년 내에 문을 닫는 업소가 25% 정도 된다고 합니다. 업종별로 살펴보면 이들 중 85%가 외식 업소들이라고 합니다. 그 이유는 경영 능력 부족, 경기 불황, 과열 경쟁, 대형 업체 출현 등으로 해석되고 있습니다. 우리 나라의 외식 사업은 현재 혼돈기입니다. 그동안 양적 팽창을 위주로 성장해 온 데 따른 부산물입니다. 생존 경쟁이 뒤따르면서 혼탁한 질서가 만연되고 있기도 합니다. 선진의 인구 통계학적 공식으로 보면 우리 나라 음식점의 적당한 수는 현재 70여 만 업소 중 대략 70% 정도 선입니다.
현재 영업하고 있는 외식 업체 중 제대로 경영 성과를 올려 돈을 버는 비율은 10% 정도에 불과하고, 40~50% 정도는 현상 유지를, 나머지는 업종 전환 또는 폐업하는 것을 고려하고 있다고 합니다. 또 최근 3년 동안 창업 업소 수와 폐업 업소 수의 통계 자료를 보면 전자는 총 20만 개가 조금 넘고, 후자는 17만 개 정도라고 합니다. 이는 신규로 오픈하는 수는 줄고 기존의 식당들은 문을 계속 닫고 있다는 반증입니다. 살아남은 식당들도 어려운 경영이 지속될 것으로 전망됩니다. 높은 인건비, 높은 재료비, 높은 임대료, 높은 세금, 높은 카드 수수료, 유가 상승으로 인한 높은 광열비 등을 감안하면 풀어야 할 과제가 한두 가지가 아닙니다.

우리는 흔히 주변에서 장사가 잘 되는 음식점을 두고 "그 음식점 대박 났어!"라고 말합니다. 대박집과 쪽박집의 차이는 과연 어디에 있을까요? 돼지고기를 재료로 장사하는 업소를 예를 들어 보면, 돼지갈비하면 사용하는 재료는 별 차이가 없을 것입니다. 그러나 운영하는 정도에 따라 성공과 실패의 명암은 명확하게 갈립니다. 과연 대박집은 '어떻게 운영하길래, 그리고 그 성공의 비결은 무엇일까'하고 생각해 보게 됩니다.

필자는 13년 동안 프라자 호텔에서 조리사 생활을 하면서 직접 접촉한 고객들을 상대로 일일이 고객 일지를 써 본 적이 있습니다. 고객들이 선호하는 음식과 메뉴를 기록해 두기 위해서였습니다. 이 기록 과정에서 아주 중요한 사실을 발견했습니다. 문제가 있거나 해결해야 하는 사안들이 발견될 때마다 정답은 항상 고객이 가르쳐 주곤 한다는 것입니다. 따라서 이처럼 훌륭한 정보를 주고 대안을 마련해 주는 고객을 왜 만족시켜 주지 못하는가, 왜 그 고객을 우리 업소의 단골 고객 또는 충성 고객으로 만들지 못하는가라는 원론적인 물음에 도달하곤 했습니다. 그것은 원칙과 관심이 부족했기 때문입니다.

자전거를 타고 무악재를 넘어 남대문 시장에서 장사를 한 적이 있었습니다. 싣고 간 물건을 많이 팔고 집으로 돌아오는 날의 무악재는 낮아 보이고 발걸음 역시 가벼웠지만, 그러지 못할 경우의 날은 무악재가 백두산만큼이나 높아 보여 넘기가 힘겨웠고 발걸음 또한 무겁기만 했던 기억이 새롭습니다. 전국에는 70여 만 개의 음식점이 있습니다. 대부분의 경영주들은 항상 어렵다고만 합니다. 하지만 아직도 희망은 있습니다.

음식점이란 정말 투자해 볼만한 가치가 있다고 확신합니다. 한해 국가 예산이 220조 원에 달합니다. 여기서 외식 산업이 차지하는 비중이 44조 원(20%)에 이릅니다. 이런 거대 산업임에도 불구하고 지금도 제대로 된 시스템을 발견하기란 그리 쉬운 일이 아닙니다. 외식업을 현장에서 직접 경험했고 또 강단에서 가르치는 입장에서 외식인의 한 사람으로 현실에 많은 책임감을 느낍니다.

치열한 경쟁 속에 살아남는 비결은 어디에 있을까? 그것은 다름 아닌 연구와 노력에 있습니다.
때론 고3 수험생처럼 시간과 물질을 바탕으로 우리 점포만의 음식, 서비스, 판촉 전략 등을 시스템화하고 매뉴얼화하여 다른 경쟁 점포가 따라오지 못할 명품 음식점을 만들어 가야 합니다.

강병남 혜전대학교 호텔조리외식계열 교수
관광경영학 박사
(사)한국조리학회 수석부회장
(사)한국조리기능인협회 직전회장

머리말

얼마 전에 우연한 모임 자리에서 재미나는 이야기를 주고받은 적이 있습니다.
아주 유명한 설렁탕집이 있었는데, 그 집의 노하우 비법은 아들도 모르고, 며느리도 모르는 비법이었습니다. 오직 주인 할머니만 알 수 있는 비법이어서, 늘 주변 사람들이나 아들·며느리도 뭔가 특별한 노하우 비법이 숨어 있을 거라는 생각을 하게 되었습니다.
많은 세월이 흘러 어느덧 주인 할머니가 마지막 임종을 앞두고, 아들에게 다음과 같은 노하우 비법을 전수하게 되었는데,
"나의 설렁탕 노하우는… 노하우 비법은… 조미료 세 바가지……"
나는 이 이야기를 듣고는 박장대소를 하며 웃었습니다.
20여 년을 넘게 음식 연구와 개발, 벤치마킹, 그리고 오랜 시간을 유명한 프렌차이즈 본사 메뉴 컨설턴트로서 창업에 대한 메뉴와 스펙을 만드는 동안 많은 노하우 비법을 만들었지만, 결국에는 우리가 기대하는 아주 특별한 노하우 비법은 생각보다는 많지 않았습니다.
소상공인진흥원에서 노하우 비법 컨설턴트로 활동하면서 많은 자영업자를 만나 상담하다 보면, 안타까운 모습을 종종 볼 수 있었습니다. 마치 음식을 만드는 데 특별한 노하우가 없어서 장사가 잘 안 된다고 믿고 있으면서도 가장 기본인 전자저울 하나 갖추어 놓지 않고는 매장에 맞지도 않는 그저 남의 장사 잘되는 음식의 노하우 비법만 알려 달라고 떼를 쓸 때가 종종 있었습니다.
참으로 안타까운 모습입니다.

음식의 노하우는 어찌 보면 단순한 두세 가지의 배합에서 나옵니다. 오늘날의 외식업은 몇 년 전의 창업시장하고는 확연히 다른 노하우 비법만으로는 성공할 수 없는 시대입니다.
따라서 필자는 외식업을 준비하는 분들과 현재 외식업의 노하우 비법을 궁금해 하는 분들을 위해 그 동안 연구하고, 모아 두었던 가장 기본인 음식 맛의 비법을 외식 창업주들에게 조금이나마 도움이 되길 간절히 바라는 마음으로 노하우 비법 노트 책을 집필하게 되었습니다.
어렵게 준비한 노하우 비법 노트 책을 통하여 필자가 당부하고 싶은 말은,
첫째, 이 책을 기본 바탕으로 나만의 레시피를 연구하고 만들어 운영하는 본인 매장의 노하우로 만들고,
둘째, 주먹구구식의 레시피가 아닌 정확한 계량을 원칙으로 노하우를 만들며,
셋째, 음식 맛이란 열 명이 먹어서 다 만족할 수 없으므로 약 70%가 만족하는 맛이 나오면 흔들리지 말고 그 맛을 유지하여 추진력을 가지고 오픈하라는 것입니다.
마지막으로 현시대에는 음식 맛만이 꼭 성공을 보장하는 것이 아니라, 세상과 나의 주변과 내가 타협할 수 있어야만 창업의 성공을 맛볼 수 있다라고 말하고 싶습니다.
부족한 부분이 많지만, 노하우 비법 노트 책이 외식업 점주님이나 외식 창업을 준비하는 모든 분들에게

조금이나마 디딤돌이 되어 준다면 필자는 많은 보람을 느낄 수 있을 것입니다.

노하우 비법 책을 준비하기까지 많은 도움을 주신 성안당 출판사 호당 이종춘 대표님과 최옥현 국장님 외에 어려운 환경 속에서도 변함없이 촬영에 도움을 준 Photographer 김현기 친구, 책을 집필하는 수 개월 동안 제대로 집안 살림을 돌보지 못해도 불평불만 없이 잘 지내준 소중한 가족들, 처음 노하우 비법 노트 책을 집필할 수 있도록 우연한 인연을 만들어 주신 김태곤 국장님, 노원구 장애인총연합회 이홍주 회장님과 혜전대학교 호텔 외식 계열 최고의 강병남 교수님 외 저를 아낌없이 지원해 주신 모든 분들께 이 지면을 통하여 감사의 마음을 전합니다.

향후 저는 많은 분들의 도움으로 한 걸음씩 나아가 우리 나라의 외식 창업에 조금이나마 이바지할 수 있도록 끝없는 연구와 개발에 앞장서는 것이 아낌없이 도움 주신 모든 분들의 뜻이라 생각하며, 더욱 전진할 수 있도록 노력하겠습니다.

끝으로 노하우 비법 노트 책을 읽어 보시는 모든 외식 창업자 여러분, 현재 외식 창업이란 과거의 외식 창업하고는 확연히 다르며, 경쟁자가 더 많고 더 힘든 시절입니다. 이러한 어려운 시기일수록 그 속에 기회가 있다는 것을 명심하시길 바라며, 힘들고 어려울 때 노하우 비법 노트 책이 조금이라도 도움이 되길 간절히 바랍니다.

외식 창업을 준비하시는 분들이나 현재 외식 창업을 시작한 모든 창업자 여러분~~
늘 긍정적인 마인드로 힘내시고, 여러분의 외식 창업이 꼭 성공하시길 바라겠습니다.
감사합니다.

국가조리기능장
외식과 창업 원장 **장형심**

Contents

추천사 004
머리말 006
노하우 비법 노트 책의 장·단점에 대하여 011
외식 창업 프로세스 사업 계획서의 의의 및 작성 방식 012
나의 사업 계획서 작성해 보기 014
필수! 외식 창업하기 전 31가지, 이것만큼은 꼭 체크해 보자 016
창업에 대한 기본 절차 018
일반음식점 영업의 시설 기준 022
외식 창업에 필요한 서류 절차에 대하여 체크해 보기 027
매장에 필수! 일일 체크하는 습관을 길들이자 028

노하우 비법 노트 안주류 및 각종 소스류편

1. 골뱅이소면 032
2. 낙지소면 034
3. 오돌뼈야채볶음 036
4. 불곱창볶음 038
5. 해물야채떡볶이 040
6. 해물조개모둠불볶음 042
7. 수제소시지야채철판볶음 044
8. 수제모둠소시지구이 046
9. 케이준치킨샐러드 048
10. 참치고추장구이샐러드 050
11. 파인애플보트과일샐러드 052
12. 토마토모짜렐라치즈샐러드 054
13. 과일화채 056
14. 황도아이스 058
15. 핫족발무침 060
16. 훈제오리부추무침 062
17. 나쵸깐풍기 064
18. 닭강정 066
19. 양념치킨치즈불닭 068
20. 그린야채모둠돈가스 070
21. 치킨탕수육 072
22. 돼지껍데기볶음 074
23. 햄두부김치 076
24. 얼큰오징어볶음 078
25. 손두부낙지볶음 080
26. 겨자소스파닭 082
27. 야채족발냉채 084
28. 마른오징어절임구이 086
29. 닭봉구이조림 088

30. 모둠조개탕　090
31. 어묵탕　092
32. 알탕　094
33. 해물짬뽕탕　096
34. 부대탕　098
35. 번데기탕　100
36. 홍합탕　102
37. 고추장참치찌개　104
38. 가쯔오치즈달걀말이　106
39. 돼지고기목살김치찌개　108
40. 왕조개야채찜　110
41. 왕꼬치구이　112
42. 화산달걀탕　114
43. 불닭발볶음　116
44. 해물파전　118
45. 모둠야채샐러드 소스　120
46. 쌈무초절임　122
47. 면비빔 소스　124
48. 약고추장　126
49. 꽃게양념게장 소스　128
50. 메밀국수 소스　130
51. 강된장　132
52. 떡볶이 소스　134

53. 물회 소스　136
54. 매운찜닭 소스　138
55. 일본식 튀김간장 소스　140
56. 백김치　142
57. 동치미물김치　144
58. 겉절이 양념　146
59. 석박지　148
60. 여름배추김치　150
61. 무화과요구르트 소스　152
62. 볶음용 고추장　154
63. 구이류 고추장 소스　156
64. 불고기 소스　158
65. 철판두루치기 소스　160
66. 절임야채간장 소스　162
67. 닭계장 양념　164
68. 닭갈비 소스　166
69. 낙지해물무침 소스　168
70. 불고기데리야끼 소스　170

육수와 각종 양념/면류·반죽 만들기

육수와 각종 양념/면류·반죽 24종　172

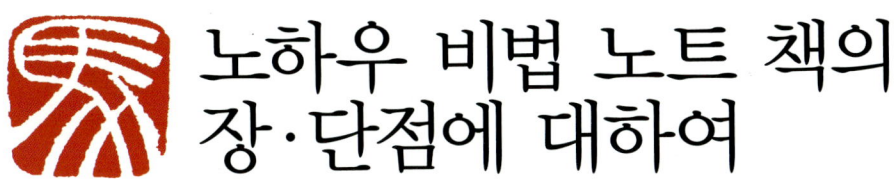
노하우 비법 노트 책의
장·단점에 대하여

1. 노하우 비법 노트 책의 장점을 간략히 설명하면 다음과 같습니다.

하나. 업소에서 사용할 수 있는 메뉴 비법에 중점을 두었습니다.
둘. 메뉴에 맞는 식재료의 사용량을 그램으로 표기하고, 원가 계산을 할·수 있도록 준비했습니다.
셋. 소스 및 양념을 제대로 만들 수 있도록 그램(g)으로 표기하고, 개개인이 본인의 노하우 비법을 연구하고 만들 수 있도록 양념과 소스 매뉴얼을 별도로 표기했습니다.
넷. 복잡한 방식보다는 간략하게 만드는 방식으로 중요한 노하우 비법만 담았습니다.
다섯. 여러 가지로 응용할 수 있도록 같은 메뉴라도 소스와 양념 만드는 법이 각각 조금씩 다르게 만들었습니다.
여섯. 수백 가지의 메뉴를 종류별로 나누어 4권으로 만들었고, 이 중 스페셜 메뉴만을 엄선하여 합본호 한권으로 정리하고, 필요한 부분만 구입 후 배울 수 있도록 정리했습니다.

2. 노하우 비법 노트 책의 단점은 다음과 같았습니다.

하나. 일반 요리책과는 다르게 만드는 과정을 자세히 설명하지 않았습니다.
둘. 전문 서적의 책으로 구성되어, 초보자에게는 다소 어려운 부분이 있습니다.
셋. 각각의 식재료 회사의 저작권에 의해 재료 명칭은 명시되지 않았습니다.
　　예시) 소고기 분말 / 조미료 / 사골 엑기스 등등

노하우 비법 노트 책에 나와 있는 소고기 분말 / 조개 분말 / 사골 엑기스 등등 기타 친밀한 재료도 있지만, 생소한 재료명도 기재되어 독자들에게는 다소 어려움이 있을 거라는 생각이 듭니다.
노하우 비법 노트에 사용되는 재료의 명칭을 하나하나 넣고 싶었으나, 각각 회사들의 상호 저작권에 의해 사용할 수 없었던 점을 너그러이 이해해 주시길 바랍니다.
따라서, 노하우 비법 노트 책을 참고삼아 식재료에 대해 연구하고, 나만의 노하우 비법을 만들 수 있는 좋은 기회라고 긍정적으로 생각해 주신다면 감사하겠습니다.
늘 연구하고 노력하는 모습으로 항상 여러분 곁에 가까이 있겠습니다.

외식 창업 프로세스 사업 계획서의 의의 및 작성 방식

1. 사업 계획서의 의의

외식 사업이 점점 더 많은 변화가 있는 현시대에는 창업 시장에서 성공 여부를 판단할 수 있는 가장 기본 바탕이 되는 것이 바로 사업 계획서입니다.

아무런 계획 없이 무작정 창업을 준비하는 것보다는 꼼꼼히 사업 계획서를 작성하면 무엇이 부족하고, 무엇을 할 것인지, 어떤 것이 나에게 맞는지에 대하여 다시 한 번 더 점검할 수 있습니다.

창업 사업 계획서는 다음과 같은 틀에서 작성을 하고, 부족한 부분을 채워 나아갈 수 있도록 합니다.

2. 외식 창업 프로세스 사업 계획서 작성하기

1) 창업 현황
가. 업소 개요(업체명 / 업태 및 종목 / 사업장 장소 / 사업장 현황 소유)
나. 창업자 인적 사항(성명 / 주소 / 주민등록번호 / 최종 학력 / 경력 사항 / 특기 사항)

2) 사업 계획
가. 창업 동기
나. 사업 내용
다. 메인 메뉴 및 사이드 메뉴
라. 매장의 차별화 전략 계획
마. 시설 및 개업 절차 계획
바. 종업원 채용 계획
사. 홍보 전략 및 판촉 마케팅 계획

3) 소요 자금 및 조달 계획
가. 창업 소요 자금
나. 자금 조달 계획 및 방법
다. 홍보·마케팅 비용 계획

4) 입지 및 상권 분석
가. 입지 계획
나. 상권 분석

5) 시장 현황 및 전망
가. 현시장 현황
나. 경쟁 업체 현황 및 가격
다. 경쟁 업체의 핵심 경쟁 요소 분석

6) 매출 추정 및 손익 계산서
가. 투자 계획
나. 추정 손익 분기점
다. 손익 산출 내역
라. 타당성 분석

나의 사업 계획서 작성해 보기

1. 창업 현황

가. 업소 개요	
업체명	
업태 및 종목	
사업장 장소	
사업장 현황 소유	
나. 창업자 인적 사항	
성명	
주소	
주민등록번호	
최종 학력	
경력 사항	
특기 사항	

2. 사업 계획

가. 창업 동기	
나. 사업 내용	
다. 메인 메뉴 및 사이드 메뉴	
라. 매장의 차별화 전략 계획	
마. 시설 및 개업 절차 계획	
바. 종업원 채용 계획	
사. 홍보 전략 및 판촉 마케팅 계획	

3. 소요 자금 및 조달 계획

가. 창업 소요 자금	
나. 자금 조달 계획 및 방법	
다. 홍보·마케팅 비용 계획	

4. 입지 및 상권 분석

가. 입지 계획	
나. 상권 분석	

5. 시장 현황 및 전망

가. 현시장 현황	
나. 경쟁 업체 현황 및 가격	
다. 경쟁 업체의 핵심 경쟁 요소 분석	

6. 매출 추정 및 손익 계산서

가. 투자 계획	
나. 추정 손익 분기점	
다. 손익 산출 내역	
라. 타당성 분석	

필수! 외식 창업하기 전 31가지, 이것만큼은 꼭 체크해 보자

- 필수! 외식 창업하기 전 31가지, 이것만큼은 꼭 체크해 보자.

1. 창업 자금은 자기 자본으로 준비했는가?	
2. 외식업에 대하여 기본 지식은 있는가?	
3. 고객들이 원하는 외식 음식의 요구 파악이 충분한가?	
4. 외식 창업에 대한 컨셉트는 정했는가?	
5. 나에게 긍정적인 마인드가 충분한가?	
6. 창업하기 전 가족들과 원만한 의논을 했는가?	
7. 평소 외식 창업에 대한 경험 및 적성이 맞는가?	
8. 마라톤을 달릴 수 있는 강한 의지가 있는가?	
9. 사업 계획은 충분히 세웠는가?	
10. 창업에 대한 차별화된 전략을 세웠는가?	
11. 외식 창업 전문가와 상담을 했는가?	
12. 창업 후 3개월 정도 유지할 수 있는 비용은 준비되어 있는가?	
13. 과도한 대출을 받지 않았는가?	
14. 발로 뛰면서 상권 조사를 해 보았는가?	
15. 인터넷이나 이론적 강의, 본인 고집으로만 창업을 준비했는가?	
16. 외식 창업을 쉽게 생각해 본적은 없는가?	
17. 프렌차이즈 본사를 하겠다는 꿈만 꾸고 창업을 시작하지는 않았는가?	
18. 유사 업종에 대한 경력은 충분한가?	
19. 마땅히 할 것이 없어서 창업을 준비하지는 않았나?	
20. 외식 창업을 해서 성공한다는 남들의 얘기에 시작하지는 않았나?	
21. 3~4개월 이상 창업 준비 기간을 가졌는가?	
22. 성급한 마음으로 창업에 대한 촉박한 계약을 하려고 했는가?	
23. 외식 창업의 사회적 흐름에 대하여 파악을 했는가?	
24. 단순히 유행하는 아이템을 선정하지는 않았나?	

25. 현 사업장 인수 시 과도한 권리금에 대하여 한 번 더 계산해 보았나?	
26. 호화스러운 상권에 현혹되어 무리한 투자를 하지는 않았는가?	
27. 계약 전 업소의 인허가 사항에 대하여 다시 점검해 보았는가?	
28. 외식 창업에 대하여 현실적인 목적을 세웠는가?	
29. 자본 부족으로 인해 동업을 준비하는가?	
30. 음식에 대하여 기본 지식도 없이 주방장만 믿고 시작하는가?	
31. 외식 창업 노하우만큼은 내가 만들어야 된다는 생각이 있는가?	

"외식과 창업"을 운영하면서, 수많은 예비 창업자 및 현재 창업하여 사업을 운영 중인 업주분들과의 상담을 주고 받은 적이 많았습니다.

예비 창업자들은 현실성이 부족한 부분이 많았고, 현재 창업자 분들은 현실성을 뒤늦게 알고도 부족한 부분에 대하여 보충을 하는 것보다는 가능성 없는 부분에 미련을 못버리는 습관이 있다는 것을 알게 되었습니다.

한때는 외식업으로 인해 쉽게 돈을 벌던 시절이 있었으나, 하루가 다르게 변하는 요즘 세상은 그 시절을 먼 옛날 얘기라고 해도 과언은 아닙니다.

인터넷이 보급되고, 걸어 다니면서도 스마트하고 빠르게 정보를 알 수 있는 현대에는 어떠한 것으로 창업을 했더니 성공했더라 ~~ 하고 소문이 나면, 급속도로 창업이 늘어나는 세상이 되어 버렸습니다.

어느 거리를 자주 오가다 보면, 커피 전문점이 하나둘 생기더니 어느새 카페 거리가 형성이 되어 있기도 합니다.

흔히 나눠 먹기 상권이 성립된 것입니다.

이러한 현실에 우리는 살고 있고, 수많은 예비 창업자들은 성공하는 창업을 꿈꾸고 있습니다.

1년에 창업을 준비하고, 창업을 시작하는 인구가 전국 80만 명쯤 된다는 이야기를 전해 들은 적이 있습니다.

과연 그 많은 예비 창업자들이 다 성공할 수 있을까요?

꿈을 꾸고, 창업을 한다는 것은 참으로 아름답고, 멋진 일인 것은 분명합니다.

하지만, 반드시 현실에 맞게 창업을 준비하기 위하여 한 번쯤 되짚어 보는 것도 중요하다는 생각이 들어, 오랜 경험을 바탕으로 외식 창업을 준비하고 계신 예비 창업자들에게 미력하나마 작은 도움이 되길 간절히 바라는 마음으로 **'필수! 외식 창업하기 전 31가지, 이것만큼은 꼭 체크해 보자'**를 만들었습니다.

외식 창업하기 전 반드시 체크해 보시길 바랍니다.

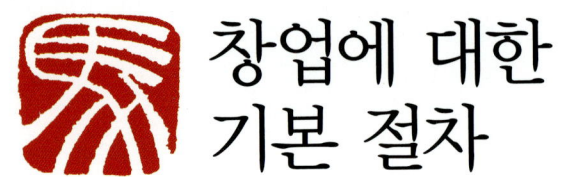
창업에 대한 기본 절차

1. 창업 기본 절차

창업을 하기 전 창업 환경은 어떠하고 창업자의 자질과 적성은 맞는지… 창업 자금의 규모는 얼마로 할 것이며 어떤 업종으로 사업을 할 것인지… 사업성은 있는지… 인·허가 사항과 회사 설립 절차는 어떻게 하는지 등 창업 전반에 대한 절차를 이해해야 창업을 효율적으로 할 수 있습니다.
이러한 절차를 이해하지 못한 경우에는 창업 기간이 지연되고 창업 과정에서 엄청난 고생을 해야 합니다. 따라서 창업자는 철저한 사업 준비와 더불어 효율적인 창업 과정을 이해하고 숙지하며 성공 창업으로 이끌어야 합니다.

2. 일반적인 창업 절차

창업 환경 검토 → 창업자 적성 검사 → 투자 규모 결정 → 아이템 탐색 및 검토 → 사업의 형태 결정 → 사업 타당성 분석 → 사업 계획서 작성 → 인·허가 사항 검토 → 개업 준비 → 오픈

3. 창업의 단계별 검토 내용

1) 창업 환경 검토
창업자는 창업 전 창업 환경을 파악할 필요가 있습니다. 창업을 왜 하는가에 대한 방향 설정과 창업을 하기에 적합한 여건이 조성되어 있는지 그리고 창업 및 경영에 대한 이론이 학습되어 있는지를 점검해야 합니다. 창업은 마치 자전거를 타고 달리는 것과 같습니다. 자전거에 올라타면 계속 앞으로 달려야 합니다. 달리지 않으면 쓰러지듯 창업도 이와 마찬가지입니다.

2) 창업자 적성 검사
바보는 천재를 이길 수 없고, 천재는 노력하는 사람을 이길 수 없고, 노력하는 사람은 즐기면서 일하는 사람을 이길 수 없다고 합니다. 즉 자기 적성에 맞는 아이템 선택이 성공 창업을 가져온다는 이야기입니다. 성공적인 창업은 주어지는 것이 아니라 만드는 것입니다.
많은 전문가들은 창업의 성공 여부를 개인의 기질과 밀접한 관계가 있다고 합니다. 그렇다면 나에게는

창업의 기질이 있는가? 사람은 누구나 스스로 내리는 결정에 따라 성장해 나갑니다. 바로 그 결정이 자기 곁에 있는 기회를 잡을 수도 있고 놓칠 수도 있습니다.

자기의 잠재력을 발휘해 나감으로써 매일매일 즐거움을 찾아낼 수 있을 것입니다. 그러기 위해서는 우선 나의 적성을 검사할 필요가 있습니다. 인간의 직업 적성을 탐색하기 위한 방법은 크게 3가지로 나눌 수 있습니다.

가. 능력을 중심으로 측정하는 직업 적성 검사
나. 흥미 중심의 직업 적성 검사
다. mbti(성격 유형 검사)

3) 투자 규모 결정

창업을 추진하기 위해서는 동원 가능한 자금의 규모와 실제 투자할 자금 규모를 결정하여야 합니다. 도·소매업이나 서비스업에 비해 제조업이 더 많은 자금을 필요로 합니다. 또한 도·소매업의 경우에도 취급 상품이나 점포 규모 등에 따라 자금 규모에 많은 차이가 있습니다. 서비스업의 경우에도 서비스업의 종류와 유형에 따라서 적은 자본이 필요한 경우가 있는가 하면 도·소매업에 비해서 훨씬 많은 자금이 소요되는 경우도 흔히 있습니다.

4) 아이템 탐색 및 검토와 사업의 형태 결정

아이템 선정은 창업의 가장 중요한 요소입니다. 중소기업청에서 창업 실패 사례를 조사한 결과 1위가 바로 아이템 선정이 잘못되었다는 것입니다. 어떤 제품을 팔 것인가? 하는 실질적인 사업 내용을 결정하는 것으로 창업을 하려는 사람의 전공과 적성, 취미, 자금 능력, 주변 여건 등을 충분히 고려한 후 업종 및 아이템을 선택하여야 합니다.

5) 사업 타당성 분석

사업 타당석 분석이란 추진하려는 사업을 체계적으로 점검하여 성공 가능성이 없는 사업은 포기하고 실패 요인을 사전에 제거하여 추후 발생할 손실을 예방하기 위한 분석을 말합니다. 사업 타당성 분석은 신규 사업에 있어서는 필수적인 작업입니다. 즉 사업 타당성 분석은 창업을 하기 위해서는 반드시 거쳐야 하는 첫 번째 관문입니다.

중소기업은 물론이고 소규모 개인사업이라도 필수적으로 작성해야 합니다. 왜냐하면 추진하고자 하는 사업이 객관적이고 체계적이라는 것을 검증하기 위한 것이기 때문이고 본인이 할 수 없으면 비용을 들여

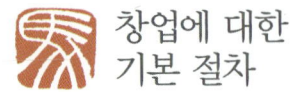

서라도 외부 전문가와 제 3자에게 최종 검토를 의뢰하는 것이 바람직합니다.

6) 사업 계획서 작성

사업 계획서는 추진할 구체적인 사업 내용과 세부 일정 계획 등을 기록해 놓은 것으로 창업 과정에 있어서 계획 사업에 관련된 제반 사항을 담고 있습니다. 사업 계획서는 창업자 자신을 위해서는 사업 성공의 가능성을 높여 주는 동시에 계획적인 창업을 가능케 하며 창업 기간을 단축시켜 주고 창업에 도움을 줄 제 3자 즉 출자자, 금융 기관, 매입처, 더 나아가 일반 고객에 이르기까지 투자의 관심 유도와 설득 자료로 활용도가 매우 높습니다.

최근 정부에서도 각종 금융 기관이나 투자 기관들을 통해 중소기업을 위한 금융 지원의 폭을 넓히고 있습니다.

7) 인·허가 사항 검토

창업자는 창업 전 추진 사업에 대해 어떤 인·허가 사항이 필요한지를 확인해야 합니다. 허가를 받지 않고 사업을 하는 경우 각종 행정 규제를 받게 됨은 물론 법을 어기는 결과를 초래하게 됩니다.

8) 개업 준비 및 오픈

위의 과정을 거친 후 사업 계획서의 추진 일정에 따라 개업을 해야 합니다. 법인의 경우 먼저 법인 등기를 한 후 사업자 등록을 신청해야 합니다.

(한국외식업중앙회 자료 제공)

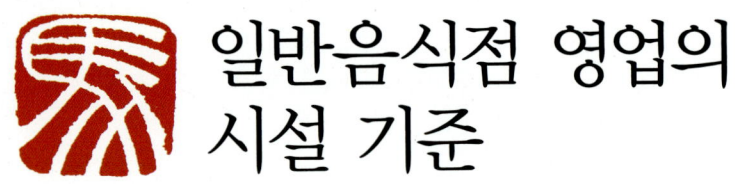
일반음식점 영업의 시설 기준

일반음식점 영업 신고를 하기 위해서는 영업에 필요한 시설을 갖춘 후 영업 신고서와 「식품위생법 시행규칙」 제27조 제1항에서 정한 서류를 첨부하여 신고 관청에 제출해야 합니다.

1. 일반음식점 영업의 시설 기준

일반음식점 영업을 하기 위해서는 「식품위생법」 제36조, 「식품위생법 시행규칙」 제36조 및 [별표 14]에서 정하고 있는 식품접객업의 공통 시설 기준과 업종별 시설 기준에 적합한 시설을 갖추어야 합니다.

2. 식품접객업(일반음식점) 공통 시설 기준

일반음식점을 포함하여 식품접객업에 공통적으로 적용되는 시설 기준은 다음과 같습니다.

3. 공통 시설 기준(식품접객업)

일반음식점을 포함하여 식품접객업에 공통적으로 적용되는 시설기준은 다음과 같습니다.

1) 영업장
독립된 건물이거나 식품접객업의 영업 허가 또는 영업 신고를 한 업종 외의 용도로 사용되는 시설과 분리되어야 합니다. 다만, 일반음식점에서 「축산물위생관리법 시행령」 제21조 제7호 가목의 식육판매업의 영업을 하려는 경우에는 분리되지 아니하여도 됩니다.

가. 영업장은 연기·유해 가스 등의 환기가 잘 되도록 해야 합니다.
나. 음향 및 반주 시설을 설치하는 영업자는 영업장 내부의 노래소리 등이 외부에 들리지 아니하도록 방음 장치를 해야 합니다.
다. 공연을 하고자 하는 휴게음식점·일반음식점 및 단란주점의 영업자는 무대 시설을 영업장 안에 객석과 구분되게 설치하되 객실 안에 설치해서는 아니 됩니다.

2) 조리장

조리장은 손님이 그 내부를 볼 수 있는 구조로 되어 있어야 합니다. 다만, 영 제7조 제8호 바목에 의한 제과점영업소로서 동일 건물 안에 조리장을 설치하는 경우와 「관광진흥법 시행령」 제2조 제1항 제2호 가목 및 같은 항 제3호 마목에 따른 관광호텔업 및 관광공연장업의 조리장의 경우에는 그러하지 않습니다.

가. 조리장 바닥에 배수구가 있는 경우에는 덮개를 설치해야 합니다.

나. 조리장 안에는 취급하는 음식을 위생적으로 조리하기 위하여 필요한 조리 시설·세척 시설·폐기물 용기 및 손 씻는 시설을 각각 설치해야 하고, 폐기물 용기는 오물·악취 등이 누출되지 아니하도록 뚜껑이 있고 내수성 재질로 된 것이어야 합니다.

다. 1인의 영업자가 하나의 조리장을 2 이상의 영업에 공동으로 사용할 수 있는 경우는 다음과 같습니다.

❶ 동일 건물 안의 같은 통로를 출입구로 사용하여 휴게음식점·제과점 영업 및 일반음식점 영업을 하려는 경우
❷ 「관광진흥법 시행령」에 따른 전문휴양업, 종합휴양업 및 유원시설업 시설 내의 동일한 장소에서 휴게음식점·제과점 영업 또는 일반음식점 영업 중 2 이상의 영업을 하려는 경우
❸ 일반음식점 영업자가 일반음식점의 영업장과 직접 접한 장소에서 도시락류를 제조하는 즉석 판매제조·가공업을 하려는 경우
❹ 제과점 영업자가 식품제조·가공업의 제과·제빵류 품목을 제조·가공하려는 경우
❺ 제과점 영업자가 기존 제과점의 영업 신고 관청과 같은 관할 구역에서 5킬로미터 이내에 둘 이상의 제과점을 운영하려는 경우

- 조리장에는 주방용 식기류를 소독하기 위한 자외선 또는 전기 살균 소독기를 설치하거나 열탕 세척 소독 시설(식중독을 일으키는 병원성 미생물 등이 살균될 수 있는 시설이어야 합니다. 이하 같다)을 갖추어야 합니다.
- 충분한 환기를 시킬 수 있는 시설을 갖추어야 합니다. 다만, 자연적으로 통풍이 가능한 구조의 경우에는 그러하지 않습니다.
- 식품 등의 기준 및 규격 중 식품별 보존 및 보관 기준에 적합한 온도가 유지될 수 있는 냉장 시설 또는 냉동 시설을 갖추어야 합니다.

3) 급수 시설

수돗물이나 「먹는물관리법」 제5조에 따른 먹는물의 수질 기준에 적합한 지하수 등을 공급할 수 있는

시설을 갖추어야 합니다.
- 지하수를 사용하는 경우 취수원은 화장실·폐기물 처리 시설·동물 사육장, 기타 지하수가 오염될 우려가 있는 장소로부터 영향을 받지 아니하는 곳에 위치해야 합니다.

4) 화장실

화장실은 콘크리트 등으로 내수 처리를 해야 합니다. 다만, 공중화장실이 설치되어 있는 역·터미널·유원지 등에 위치하는 업소, 공동화장실이 설치된 건물 내에 있는 업소 및 인근에 사용하기 편리한 화장실이 있는 경우에는 따로 화장실을 설치하지 아니할 수 있습니다.

가. 화장실은 조리장에 영향을 미치지 아니하는 장소에 설치해야 합니다.
나. 정화조를 갖춘 수세식 화장실을 설치해야 합니다. 다만, 상·하수도가 설치되지 아니한 지역에서는 수세식이 아닌 화장실을 설치할 수 있습니다.
다. 수세식이 아닌 화장실을 설치하는 경우에는 변기의 뚜껑과 환기 시설을 갖추어야 합니다.
라. 화장실에는 손을 씻는 시설을 갖추어야 합니다.

4. 공통 시설 기준의 적용 특례

1) 다음의 경우에는 공통 시설 기준에 불구하고 시장·군수 또는 구청장(시·도에서 음식물의 조리·판매행위를 하는 경우에는 시·도지사)이 시설 기준을 따로 정할 수 있습니다.

가. 「전통시장 및 상점가 육성을 위한 특별법」 제2조 제1호에 따른 전통시장에서 음식점 영업을 하는 경우
나. 해수욕장 등에서 계절적으로 음식점 영업을 하는 경우
다. 고속도로·자동차전용도로·공원·유원시설 등의 휴게 장소에서 영업을 하는 경우
라. 건설 공사 현장에서 영업을 하는 경우
마. 지방자치단체 및 농림수산식품부 장관이 인정한 생산자 단체 등에서 국내산 농·수·축산물의 판매 촉진 및 소비 홍보 등을 위하여 14일 이내의 기간에 한하여 특정 장소에서 음식물의 조리·판매 행위를 하고자 하는 경우

2) 농어촌 체험·휴양 마을 사업자가 농어촌 체험·휴양 프로그램에 부수하여 음식을 제공하는 경우에는 「도시와 농어촌 간의 교류 촉진에 관한 법률」 제10조의 영업 시설 기준을 따릅니다.

3) 다음의 경우에는 각 영업소와 영업소 사이를 분리 또는 구획하는 별도의 차단벽이나 칸막이 등을 설치하지 아니할 수 있습니다.
가. 백화점, 슈퍼마켓 등에서 휴게음식점 영업 또는 제과점 영업을 하고자 하는 경우
나. 음식물을 전문으로 조리하여 판매하는 백화점 등의 일정 장소(식당가)에서 휴게음식점 영업·일반음식점 영업 또는 제과점 영업을 하고자 하는 경우로서 위생상 위해 발생의 우려가 없다고 인정되는 경우

5. 업종별 시설 기준(일반음식점)

1) 객실
가. 잠금 장치 : 일반음식점의 객실에는 잠금 장치를 설치할 수 없습니다.
나. 특수 조명 시설 : 일반음식점의 객실 안에는 무대 장치, 음향 및 반주 시설, 우주볼 등의 특수 조명 시설을 설치해서는 안 됩니다.

2) 칸막이
가. 객석에는 높이 1.5미터 미만의 칸막이(이동식 또는 고정식)를 설치할 수 있습니다.
나. 이 경우 2면 이상을 완전히 차단하지 아니해야 하고, 다른 객석에서 내부가 서로 보이도록 해야 합니다.

3) 안전 시설 등
가. 영업장으로 사용하는 바닥 면적(「건축법 시행령」 제119조 제1항 제3호에 따라 산정한 면적을 말함)의 합계가 100제곱미터(영업장이 지하층에 설치된 경우에는 그 영업장의 바닥 면적 합계가 66제곱미터) 이상인 경우에는 「다중이용업소의 안전 관리에 관한 특별법」 제9조 제1항에 따른 소방 시설 등 및 영업장 내부 피난 통로, 그 밖의 안전 시설을 갖추어야 합니다. 다만, 영업장(내부 계단으로 연결된 복층 구조의 영업장은 제외)이 지상 1층 또는 지상과 직접 접하는 층에 설치되고 그 영업장의 주된 출입구가 건축물 외부의 지면과 직접 연결되는 곳에서 하는 영업을 제외합니다.
단, 일반음식점 영업장에는 손님이 이용할 수 있는 자막용 영상 장치 또는 자동반주 장치를 설치해서는 아니 됩니다. 다만, 연회석을 보유한 일반음식점에서 회갑연, 칠순연 등 가정의 의례로서 행하는 경우에는 그렇지 않습니다.

일반음식점 영업의 시설 기준

나. 기차·자동차·선박·유선장·도선장 또는 수상레저사업장을 이용하는 경우
　기차·자동차·선박 또는 수상 구조물로 된 유선장·도선장 또는 수상레저사업장을 이용하는 경우 다음 시설을 갖추어야 합니다.
① 1일의 영업 시간에 사용할 수 있는 충분한 양의 물을 저장할 수 있는 내구성이 있는 식수 탱크
② 1일의 영업 시간에 발생할 수 있는 음식물 찌꺼기 등을 처리하기에 충분한 크기의 오물통 및 폐수 탱크
③ 음식물의 재료(원료)를 위생적으로 보관할 수 있는 시설

다. 영업장 넓이가 150제곱미터 이상인 일반음식점 영업소는 「국민건강증진법」 제9조 제4항에 따라 해당 영업소 전체를 금연 구역으로 지정하거나 영업장 면적의 2분의 1 이상을 금연구역으로 지정해야 합니다.

4) 시설의 개수 명령(적합한 시설을 갖추지 못한 경우)

가. 시장·군수·구청장은 영업자에 대하여 그 영업 시설이 「식품위생법」 제36조, 「식품위생법 시행규칙」 제36조 및 [별표 14]에 따른 시설 기준에 적합하도록 기간을 정하여 개수를 명할 수 있습니다(「식품위생법」 제74조 제1항).

나. 건축물의 소유자와 영업자 등이 다른 경우 건축물의 소유자는 시설 개수 명령에 따른 시설의 개수에 최대한 협조해야 합니다(「식품위생법」 제74조 제2항).

다. 위 시설 개수 명령에 따르지 않는 영업자는 500만 원 이하의 과태료를 부과받게 됩니다(「식품위생법」 제101조 제2항 제8호).

5) 형사 처벌

가. 「식품위생법」 제36조에 따른 시설 기준에 위반한 영업자는 3년 이하의 징역 또는 3천만원 이하의 벌금에 처해집니다(「식품위생법」 제97조 제4호).

(한국외식업중앙회 자료 제공)

외식 창업에 필요한 서류 절차에 대하여 체크해 보기

1. 외식 창업 인·허가 절차에 관한 준비 및 체크 사항 점검하기

1. 영업 장소 건물의 용도가 근린 생활 시설 일반음식점으로 되어 있는지 소재지 관할 구청 지적과에 건축물 대장을 확인했나?	
2. 영업장 면적에 따른 정화조 용량이 정확한지 소재지 관할 구청 청소행정과에서 확인이 되었는가?	
3. 병원 또는 보건소에서 본인 외 종업원/아르바이트생 등등의 보건증을 발급받았나?	
4. 음식업협회에서 식품접객업 위생교육을 받고, 위생교육필증을 교부받았나?	
5. 액화석유가스 사용 완성 검사필증을 교부받았나?	

2. 영업 신고하기

1. 구비 서류	위생교육필증 / 보건증 / 액화석유가스 사용완성 검사필증 / 교동채권 / 매입필증 / 수입증지(28,000원) / 면허세(18,000원)
2. 영업 신고 소재지	관할 구청의 환경위생과(영업 신고 후 영업허가증 교부받기)

3. 사업자 등록하기

1. 사업자 등록 기관	관할 소재지 세무서
2. 구비 서류	개인사업자 등록 신청서 1부(세무서 비치)/임대차 계약서/사업허가증(영업허가증 사본 1부)
3. 사업자 등록 기간	음식점 영업 신고 후 사업을 시작한 날 20일 이내 및 사업 개시 전 신청 가능함.

매장에 필수! 일일 체크하는 습관을 길들이자

하루하루 체크하는 습관으로 식재료의 재고를 알아보고, 위생 점검 및 주방 관리 안전을 점검해 봅니다.

하루하루 체크하는 위생 점검표

월   일 (요일)   체크 담당자 :

점검 체크 항목	점검 리스트	결과
개인 위생 점검	1. 위생복 / 위생모 / 앞치마 / 머리가 깨끗한가?	
	2. 안전화는 깨끗하고, 바르게 신고 있는가?	
	3. 손톱에 매니큐어 / 액세서리 상태는?	
	4. 손에 상처 또는 손톱 길이는?	
주방 및 주변 환경 위생 점검	1. 주방 바닥 트렌치 청소가 잘 되어 있는가?	
	2. 배수가 제대로 되고 있는가?	
	3. 냉장고 / 냉동고 온도가 맞게 유지되고 있는가?	
	4. 냉장고 정리와 청소 및 야채가 투명봉투에 담겨져 있는가?	
	5. 행주 / 칼 / 장갑 / 도마는 일일 소독을 하고 있는가?	
	6. 음식 세척용 고무장갑과 청소용 고무장갑이 분리되어 있는가?	
	7. 음식물 쓰레기통이 깨끗이 닦여 있는가?	
	8. 식기 세척기 물은 하루 세 번 이상 바꿔 주는가?	
식재료 및 양념류 유통 기한	1. 양념류에 대한 유통 기한은 확인했는가?	
	2. 사용하고 남은 캔 제품의 보관 방법은 정확히 알고 있는가?	
	3. 식재료의 보관 상태는?	
	4. 재고로 남은 식재료의 보관 상태 및 사용 기한을 알고 있나?	
	5. 각각 통에 옮겨 담은 양념류에 대하여 유통 기한 표시를 했나?	
	6. 냉장이 필요 없는 양념류는 올바른 보관 방법을 선택했나?	
	7. 밀가루 및 설탕, 기타 양념에 뚜껑이 바르게 덮여 있는가?	
기타 사항	1. 보건증 유효 기간 1개월 단위로 확인했나?	
	2. 하루하루 위생 점검표를 체크하는가?	
그 외 자체적으로 체크 리스트 항목 넣기		

하루하루 식재료 체크하는 검수표

월   일 (요일)   체크 담당자 :

식재료 및 공산품	체크 리스트 품목	상 태			전달 사항
주재료		상	중	하	
부재료		상	중	하	
생선류		상	중	하	
육류		상	중	하	
과일류		상	중	하	
건어물		상	중	하	
생선류		상	중	하	
두부		상	중	하	
달걀		상	중	하	
김치류		상	중	하	
쌀 및 잡곡류		상	중	하	
주야채류		상	중	하	
부야채류		상	중	하	
고춧가루		상	중	하	
고추장		상	중	하	
간장		상	중	하	
기타 양념류		상	중	하	
각종 공산품		상	중	하	
구매 사항					
재고 현황					
기타 의견					

노하우 비법 노트
안주류 및 각종 소스류

비법 전수 01

골뱅이소면

골뱅이소면 양념 배합비

재료(약 10접시)	중량	원가 산출
간장	140g	
고추장	70g	
약간 매운 고춧가루	300g	
꽃소금	60g	
설탕	400g	
요리당	250g	
매실액	100g	
조미료	10g	
갈은 마늘	100g	
갈은 생강	50g	
소주	60g	
사이다	500g	
2배 식초	40g	
발효 겨자	10g	

골뱅이소면 세팅 재료 및 중량

재료(한 접시)	중량	원가 산출
삶은 국수	200g	
골뱅이	130g	
오이	80g	
당근	60g	
청·홍고추	40g	
오징어포	50g	
양파	80g	
골뱅이 국물	10g	
대파채	120g	
깻잎	5g	
양배추	40g	
통깨	5g	
참기름	5g	
식초(2배 식초)	15g	

● **골뱅이소면 양념 배합하기**

1. 요리당과 간장을 섞은 후 고춧가루를 넣고 골고루 배합시킨다.
2. 배합된 1번 양념에 고추장과 나머지 양념을 넣고 섞는다.
3. 양념을 골고루 섞은 2번 양념을 24시간 냉장 숙성 후 골뱅이를 무칠 때는 식초를 다시 섞어 사용한다.

● **골뱅이소면 만들기 및 세팅하기**

1. 국수는 삶아 찬물에 여러 번 헹구어 채반에 건져 참기름으로 살짝 무쳐 사리를 지어 놓는다.
2. 당근/양파/오이/청·홍고추는 어슷어슷하게 채를 썰어 놓는다.
3. 대파는 길게 대파채를 만들고, 깻잎은 채를 썰어 대파와 섞어 놓는다.
4. 골뱅이는 캔을 따서 국물을 버리지 않고 골뱅이만 큼직하게 썰어 놓는다.
5. 숙성된 양념에 식초를 섞은 후 골뱅이 국물을 넣고 골뱅이를 먼저 무친 후, 준비한 야채들을 넣고 다시 무친다.
6. 접시에 삶은 국수를 올리고, 골뱅이 무침과 대파채를 올려 완성한다.
7. 골뱅이 무침에 통깨를 뿌려 준다.

■ **고수의 노하우 포인트**
- 유명한 을지로 골뱅이는 골뱅이와 대파채를 듬뿍 넣어 만든다.
- 골뱅이 양념은 3일이 지나면 양념 맛이 다소 떨어진다.
- 골뱅이 무칠 때는 식초와 갈은 마늘을 더 첨가 후 무친다.

비법 전수 02

낙지소면

낙지소면 양념 배합비

재료(약 10접시)	중량	원가 산출
간장	140g	
고추장	300g	
약간 매운 고춧가루	100g	
꽃소금	20g	
설탕	120g	
검은 물엿	200g	
매실액	50g	
조미료	10g	
갈은 마늘	100g	
갈은 생강	50g	
후춧가루	1g	
해물 육수	300g	
굴소스	100g	
소고기 엑기스	10g	
정종	60g	

낙지소면 세팅 재료 및 중량

재료(한 접시)	중량	원가 산출
삶은 국수	200g	
낙지	2마리	
당근	60g	
청양고추	10g	
홍고추	10g	
양파	80g	
대파채	15g	
콩나물	60g	
통깨	5g	
참기름	5g	
식용유	약간	
물녹말	약간	

● **낙지소면 양념 배합하기**

1. 검은 물엿에 고춧가루와 해물 육수(해물 육수 만드는 법은 176페이지 참조)를 넣고 골고루 섞어 배합시킨다.
2. 섞인 1번 양념에 나머지 양념 재료를 넣고, 소주를 붓고 잘 섞이도록 저어 놓는다.
3. 밀폐 용기에 섞인 양념을 담아 24시간 냉장 숙성 후 사용한다.

● **낙지소면 만들기 및 세팅하기**

1. 국수는 삶아 찬물에 여러 번 헹구어 채반에 건져 물기를 뺀 후 참기름으로 무치고 사리를 만들어 놓는다.
2. 낙지는 굵은 소금과 밀가루를 넣고 조물조물 주물러 뻘을 씻어 먹기 좋게 잘라 놓는다.
3. 양파는 굵게 채를 썰고, 당근도 굵은 채로 썰어 놓는다.
4. 청양고추와 홍고추는 송송 썰어 놓고, 콩나물은 데쳐 찬물에 열기를 식힌 후 건져 체에 받쳐 놓는다.
5. 팬에 식용유를 두르고, 팬이 뜨거워지면 야채를 먼저 넣고 볶다가 양념을 넣는다.
6. 볶고 있는 양념에 손질한 낙지를 넣고 볶다가, 물녹말을 조금 넣고 한 번 끓으면 불을 끄고 참기름을 섞는다.
7. 접시에 삶은 국수를 담고, 콩나물과 낙지볶음을 올려 통깨와 청양·홍고추를 뿌려 제공한다.

■ **고수의 노하우 포인트**
• 냉동 낙지는 자연 해동 후 씻어 정종/생강즙에 재워 놓고 사용하면 좋다.

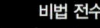

오돌뼈야채볶음

오돌뼈야채볶음 양념 배합비

재료(약 10접시)	중량	원가 산출
간장	150g	
고추장	300g	
매운 고춧가루	100g	
소금	20g	
설탕	100g	
요리당	150g	
포도잼	50g	
조미료	10g	
갈은 마늘	120g	
갈은 생강	70g	
소주	100g	
생수	200g	
굴소스	50g	
소고기 엑기스	10g	
두반장	50g	
후춧가루	2g	

오돌뼈야채볶음 세팅 재료 및 중량

재료(한 접시)	중량	원가 산출
오돌뼈	250g	
양파	80g	
당근	40g	
청양고추	10g	
홍고추	5g	
양배추	60g	
실파	10g	
통깨	5g	
참기름	5g	
식용유	약간	
태국고추	3g	
대파	15g	
삶은 콩나물	60g	

● **오돌뼈야채볶음 양념 배합하기**

1. 생수와 소주 / 포도잼을 섞고, 고춧가루와 고추장을 넣어 골고루 배합시킨다.
2. 배합된 1번 양념에 나머지 양념을 넣고 골고루 섞어 놓는다.
3. 섞여진 양념은 밀폐 용기에 담아 24시간 냉장 숙성 후 사용한다.

● **오돌뼈야채볶음 만들기 및 세팅하기**

1. 오돌뼈는 생강즙과 소주에 버무려 놓는다.
2. 양파 / 양배추 / 당근은 도톰하게 채를 썰고, 실파와 청양·홍고추는 송송 썰어 놓는다.
3. 콩나물은 삶아 찬물에 열기를 식혀 체에 건져 놓는다.
4. 팬에 식용유를 두르고, 태국고추를 볶다가 오돌뼈를 넣고 빠르게 볶는다.
5. 숙성된 양념을 볶아지는 오돌뼈에 넣어 볶다가, 야채를 넣고 볶는다.
6. 다 볶아진 오돌뼈에 참기름을 두르고 불을 끈다.
7. 접시 또는 철판에 삶은 콩나물을 담고, 볶아 놓은 오돌뼈를 한 쪽에 담아 청양·홍고추 / 실파 / 통깨를 뿌려 제공한다.

■ **고수의 노하우 포인트**
• 볶아진 오돌뼈에 깻잎 또는 대파채를 풍성하게 올려 주는 것도 보기 좋다.

비법 전수 04

불곱창볶음

불곱창볶음 양념 배합비

재료(약 10접시)	중량	원가 산출
고추장	100g	
간장	250g	
설탕	100g	
갈은 마늘	150g	
청양 고춧가루	100g	
굵은 고춧가루	150g	
조미료	20g	
소고기 분말	20g	
후춧가루	2g	
생강즙	100g	
소주	200g	
검은 물엿	100g	
양파즙	100g	
파인애플즙	50g	
배즙 음료	100g	
굴소스	50g	

불곱창볶음 세팅 재료 및 중량

재료(한 접시)	중량	원가 산출
곱창	200g	
양파	60g	
대파	30g	
당근	40g	
청양고추	10g	
홍고추	5g	
불린 당면	70g	
떡볶이 떡	40g	
통깨	5g	
태국고추	6g	
편마늘	5g	
소주	30g	
식용유	10g	
깻잎	15g	

● 불곱창볶음 양념 배합하기

1. 검은 물엿에 소주를 섞고, 고춧가루를 넣어 골고루 배합시킨다.
2. 배합된 1번 양념에 나머지 준비된 양념을 넣어 골고루 섞는다.
3. 섞인 곱창 양념은 24시간 냉장 숙성시켜 사용한다.

● 불곱창볶음 만들기 및 세팅하기

1. 곱창은 굵은 소금과 밀가루를 넣고 바락바락 주물러 냄새와 곱을 제거하고 흐르는 물에 깨끗이 씻는다.
2. 씻어 놓은 곱창에 소주와 생강즙을 넣어 비닐에 담아 하루 정도 숙성시킨다.
3. 끓는 물에 된장을 풀고 소주와 월계수잎을 넣고 곱창을 살짝 데쳐 건진 후 먹기 좋게 썰어 준비한다.
4. 양파와 당근은 굵은 채로 썰고, 대파는 5cm 길이로 썰고, 청양·홍고추는 어슷 썰어 놓는다.
5. 태국고추는 입자가 굵게 잘라 놓는다.
6. 팬에 식용유를 넣고, 태국고추를 넣어 은근히 볶다가 편마늘을 넣는다.
7. 숙성된 곱창을 팬에 넣고 소주를 붓고 볶다가, 곱창 양념을 넣어 볶는다.
8. 중간쯤 야채와 떡을 넣고, 불린 당면을 넣어 볶는다.
9. 완성이 되면 불을 끄고 깻잎과 통깨를 넣어 마무리한다.

■ 고수의 노하우 포인트
• 매운맛을 유지하기 위해 참기름을 사용하지 않는다.

비법 전수 05

 해물야채떡볶이

해물야채떡볶이 양념 배합비

재료(약 10회 제공량)	중량	원가 산출
고추장	800g	
소주	120g	
요리당	100g	
검은 물엿	1kg	
조미료	10g	
간장	200g	
소고기 분말	10g	
흑설탕	100g	
매운 고춧가루	70g	
굴소스	40g	
갈은 생강	25g	
물	1.5kg	
소고기 엑기스	30g	
후춧가루	2g	

해물야채떡볶이 세팅 재료 및 중량

재료(3~4인분)	중량	원가 산출
굵은 떡	300g	
절단 꽃게	100g	
대하	3~4개	
홍합	80g	
오징어	1/2마리	
낙지	1마리	
청양고추	5g	
홍고추	5g	
고구마	50g	
오뎅	150g	
양배추	160g	
청경채	40g	
삶은 달걀	2개	
대파	60g	
양파	80g	
당근	40g	
소주	20g	

● **해물야채떡볶이 양념 배합하기**

1. 냄비에 물을 담고, 검은 물엿과 소고기 엑기스 / 소고기 분말 / 고추장을 넣고 끓인다.
2. 끓이고 있는 양념에, 굴소스 / 갈은 생강 / 요리당 / 조미료 / 간장 / 후춧가루 / 흑설탕 등 나머지 양념 재료를 넣고 한 번 팔팔 끓여 준다.
3. 끓인 양념은 충분히 식히고 소주를 붓고 냉장 보관 후 사용한다.

● **해물야채떡볶이 만들기 및 세팅하기**

1. 오징어는 껍질을 벗기고, 낙지는 굵은 소금과 밀가루를 넣고 주물러 씻은 후 먹기 좋게 썬다.
2. 대하와 홍합 / 절단 꽃게도 씻어서 준비해 놓는다.
3. 양파 / 양배추 / 당근 / 고구마는 굵게 채 썰고, 대파와 청양·홍고추는 어슷하게 썬다.
4. 청경채는 씻어서 반으로 잘라 놓는다.
5. 굵은 떡은 3cm 길이로 썰고, 오뎅은 5cm 길이와 삼각형으로 썬다.
6. 팬을 뜨겁게 달구어 해물을 먼저 볶다가 소주를 넣는다.
7. 볶고 있는 해물에 양념을 넣고 다시 볶다가, 썰어 놓은 야채와 떡 / 오뎅을 넣고 끓인다.
8. 중간에 삶은 달걀과 청경채를 올려 테이블에서 끓여 먹게 준비해 준다.

■ **고수의 노하우 포인트**
• 매운맛을 더 원할 경우 태국고추를 사용한다.

비법 전수 06

 해물조개모둠불볶음

해물조개모둠불볶음 양념 배합비

재료(약 10회 제공량)	중량	원가 산출
고추장	400g	
소주	120g	
요리당	100g	
검은 물엿	1kg	
조미료	10g	
간장	300g	
두반장	30g	
설탕	50g	
매운 고춧가루	270g	
굴소스	40g	
갈은 생강	30g	
해물 육수	1.5kg	
소고기 엑기스	30g	
후춧가루	2g	
갈은 마늘	150g	

해물조개모둠불볶음 세팅 재료 및 중량

재료(2~3인분)	중량	원가 산출
오징어	1마리	
낙지	1마리	
그린	3개	
가리비	3개	
대하	3개	
맛조개	3개	
대파	70g	
태국고추	10g	
편마늘	20g	
소주	10g	
식용유	10g	
청양고추	5g	
홍고추	5g	

● **해물조개모둠불볶음 양념 배합하기**

1. 해물 육수(해물 육수 만드는 법은 176페이지 참조)에 고춧가루를 넣고 불린다.
2. 불린 고춧가루 1번 양념에 고추장과 나머지 양념을 넣고 골고루 섞는다.
3. 배합된 양념은 12시간 냉장 숙성 후 사용한다.

● **해물조개모둠불볶음 만들기 및 세팅하기**

1. 오징어는 껍질을 벗겨 썰고, 낙지는 굵은 소금과 밀가루를 넣고 조물조물 주물러 씻어 먹기 좋게 잘라 놓는다.
2. 가리비 외 각종 조개와 해물은 씻어 채반에 건져 놓는다.
3. 대파는 도톰하게 둥글게 썰고, 청양·홍고추도 동글동글하게 썰어 놓는다.
4. 태국고추는 1/3등분으로 잘라 놓는다.
5. 팬에 식용유를 두르고, 태국고추와 편마늘을 넣어 볶는다.
6. 재빠르게 태국고추와 편마늘을 볶은 후, 준비한 해물과 조개를 넣고 볶는다.
7. 소주를 붓고 양념을 넣어 다시 빠르게 볶는다.
8. 준비한 대파와 청양·홍고추를 넣고 한 번 더 살짝 볶은 후 제공한다.

■ **고수의 노하우 포인트**
- 매운맛을 더 내고 싶으면 마지막에 고추기름을 몇 방울 더 섞는다.

수제소시지야채철판볶음

수제소시지야채철판볶음 양념 배합비

재료(약 10회 제공량)	중량	원가 산출
고추장	400g	
굴소스	60g	
케첩	350g	
흑설탕	40g	
조미료	3g	
핫 칠리소스	500g	
갈은 마늘	60g	
정종	80g	
소고기 엑기스	20g	
후춧가루	1g	
소금	2g	
생수	100g	

수제소시지야채철판볶음 세팅 재료 및 중량

재료(1회 제공량)	중량	원가 산출
소시지	300g	
양파	80g	
피망	60g	
홍파프리카	40g	
노란파프리카	40g	
당근	50g	
브로컬리	60g	
갈은 마늘	10g	
올리브 오일	5g	
모짜렐라 치즈	20g	

● **수제소시지야채철판볶음 양념 배합하기**

1. 고추장에 굴소스 / 생수 / 설탕을 넣고 잘 녹인다.
2. 녹인 양념 1번에 나머지 분량의 양념을 넣고 골고루 배합한다.
3. 배합된 양념은 바로 사용할 수 있다.

● **수제소시지야채철판볶음 만들기 및 세팅하기**

1. 소시지는 어슷하게 썰어 놓는다.
2. 양파 / 파프리카 / 피망 / 당근은 나박나박하게 썰어 놓는다.
3. 브로컬리는 끓는 물에 소금을 넣고 살짝 데쳐 찬물에 헹구어 체에 받쳐 놓는다.
4. 팬에 올리브 오일을 넣고 갈은 마늘을 먼저 볶는다.
5. 볶아지고 있는 마늘에 소시지를 넣고 볶다가, 만든 양념을 넣고 볶아 준다.
6. 썰어 놓은 야채도 팬에 넣고 볶다가, 그릇에 담은 후 뜨거울 때 모짜렐라 치즈를 얹고 살라만라에 한 번 넣고, 윗불로 치즈가 녹으면 제공한다.

■ **고수의 노하우 포인트**
• 수제 소시지는 다양한 맛을 선택하는 것이 좋다. (고추맛 / 김치맛 / 치즈맛 등등)

수제모둠소시지구이

수제모둠소시지구이 양념 배합비

재료(약 20회 이상 제공량)	중량	원가 산출
우스타소스	50g	
케첩	30g	
소고기 육수	100g	
갈은 마늘	40g	
핫 칠리소스	100g	
핫 소스	30g	
다진 양파	100g	
갈은 마늘	20g	
통후추	20g	
와인	100g	
월계수잎	1장	
스테이크소스	70g	

수제모둠소시지구이 세팅 재료 및 중량

재료(1회 제공량)	중량	원가 산출
마늘맛 소시지	1개	
치즈맛 소시지	1개	
김치맛 소시지	1개	
불고기맛 소시지	1개	
양파	50g	
나쵸	50g	
방울토마토	50g	

● 수제모둠소시지구이 양념 배합하기

1. 냄비에 다진 양파와 갈은 마늘을 넣고 살짝 볶는다.
2. 통후추는 굵게 다진다.
3. 볶아지는 양파에 준비한 나머지 양념을 넣고, 와인 / 월계수잎 / 소고기 육수를 넣어 끓인다.
4. 불을 끄고 통후추 굵게 다진 것을 넣고 충분히 식혀서 냉장 보관한다.

● 수제모둠소시지구이 만들기 및 세팅하기

1. 수제 소시지는 사선으로 칼집을 넣어 놓는다.
2. 양파는 동글동글하게 통형태로 2쪽으로 썰어 준비한다.
3. 칼집을 넣은 소시지를 팬에서 굽다가 준비한 양념을 발라 가며 구운 후 양파 / 토마토도 살짝 구워 놓는다.
4. 철판 또는 접시에 통양파 / 구운 토마토 / 수제 소시지와 나쵸를 담아 제공한다.

■ 고수의 노하우 포인트
- 철판을 사용할 경우 치즈를 한 장 올려 주면 좋다.

케이준치킨샐러드

케이준치킨샐러드 소스 배합비

재료(약 30회 제공량)	중량	원가 산출
마요네즈	500g	
머스터드	100g	
땅콩버터	20g	
연유	50g	
꿀	20g	

케이준치킨샐러드 세팅 재료 및 중량

재료(1회 제공량)	중량	원가 산출
양상추	100g	
청피망	40g	
홍파프리카	40g	
노란파프리카	40g	
오이	50g	
당근	30g	
닭가슴살	100g	
방울토마토	3개	
치킨 파우더	50g	
튀김 기름	400g	
후춧가루	약간	
소금	약간	
우유	50g	

● **케이준치킨샐러드 소스 배합하기**

1. 마요네즈와 머스터드를 거품기로 섞는다.
2. 섞인 머스터드에 땅콩버터와 연유/꿀을 넣어 골고루 배합시킨다.
3. 냉장고에 보관 후 사용한다.

● **케이준치킨샐러드 만들기 및 세팅하기**

1. 닭가슴살은 우유에 약 30분 담가 놓은 후 건져 소금/후춧가루를 뿌려 놓는다.
2. 양상추는 손으로 뜯어 찬물에 담가 건져 체에 받쳐 놓는다.
3. 오이는 동글납작하게 썰고, 당근은 꽃모양으로 만들어 썰고, 방울토마토는 1/2등분으로 썰어 놓는다.
4. 청피망과 파프리카는 동그랗게 썰어 물에 담가 건져 체에 받쳐 놓는다.
5. 닭가슴살은 먹기 좋게 썰어 치킨 파우더를 묻히고 170℃ 온도의 튀김 기름에 튀겨 기름을 빼 놓는다.
6. 접시에 준비된 야채를 담고, 기름을 제거한 닭가슴살을 올린다.
7. 제공 시 만들어 놓은 소스를 올려 제공한다.

■ **고수의 노하우 포인트**
• 마요네즈는 두 가지 이상 양념을 혼합했을때 분리 현상이 나타나므로 많은 양은 만들어 놓지 않는다.

참치고추장구이샐러드

참치고추장구이샐러드 소스 배합비

재료(약 30회 제공량)	중량	원가 산출
고추장	200g	
식초	20g	
핫 소스	50g	
갈은 마늘	50g	
요리당	40g	
소금	1g	
핫 칠리소스	100g	
양파즙	50g	
생강즙	5g	
와인	30g	

참치고추장구이샐러드 세팅 재료 및 중량

재료(1회 제공량)	중량	원가 산출
참치	250g	
밀가루	50g	
달걀	2개	
소금	약간	
후춧가루	약간	
통후추	2g	
치커리	20g	
양상추	70g	
토마토	1개	
흑임자 / 참깨	20g	
올리브 오일	10g	

● **참치고추장구이샐러드 소스 배합하기**

1. 냄비에 고추장과 양념 재료를 넣고 한소끔 끓인다.
2. 끓인 소스는 식힌 후 냉장 보관한다.

● **참치고추장구이샐러드 만들기 및 세팅하기**

1. 참치는 해동 후 통째로 소금과 후춧가루를 뿌려 밑간을 한다.
2. 밑간을 한 참치에 밀가루와 달걀물을 입힌다.
3. 통후추는 입자있게 다져 흑임자/참깨에 섞은 후 달걀물을 입힌 참치에 앞뒤로 솔솔 뿌린다.
4. 양상추는 손으로 뜯어 찬물에 담가 건져 체에 받쳐 놓는다.
5. 치커리도 깨끗이 씻어 준비한다.
6. 토마토는 먹기 좋게 썰어 놓는다.
7. 팬에 올리브 오일을 넣고, 팬이 뜨거워 지면 참치를 넣고 앞뒤를 돌려가며 표면만 굽는다.
8. 구워진 참치는 썰고, 접시에 준비한 야채를 깔아 주고 그 위에 참치를 올린다.
9. 보관된 고추장 소스를 참치 위에 올려서 마무리한다.

■ **고수의 노하우 포인트**
- 통후추를 갈 때 입자가 크지 않게 주의한다.

파인애플보트과일샐러드

파인애플보트과일샐러드 소스 배합비

재료(약 20개)	중량	원가 산출
플레인 요구르트	400g	
머스터드	50g	
마요네즈	1kg	
연유	100g	
레몬즙	5g	

파인애플보트과일샐러드 세팅 재료 및 중량

재료(1회 제공량)	중량	원가 산출
파인애플	1/2개	
사과	1/4개	
수박	80g	
키위	60g	
메론	60g	
체리	20g	

● 파인애플보트과일샐러드 소스 배합하기

1. 플레인 요구르트와 마요네즈를 섞어서 배합한다.
2. 배합된 마요네즈 소스에 연유와 머스터드를 넣고 거품기로 골고루 섞은 후 레몬즙을 뿌려 섞는다.
3. 만든 소스는 냉장고에 보관시킨다.

● 파인애플보트과일샐러드 만들기 및 세팅하기

1. 파인애플은 반으로 잘라 속을 파낸 후 밑바닥을 약간 깎아 보트의 안정감을 만들어 놓는다.
2. 사과는 껍질을 깨끗이 씻어 껍질째 깍둑 모양으로 썰어 놓는다.
3. 수박도 깍둑 모양으로 썰어 놓는다.
4. 키위는 껍질을 제거하고 깍둑 모양으로 썰고, 메론도 속을 제거하고 깍둑 모양으로 썰어 준비한다.
5. 체리는 꼭지를 제거시켜 놓는다.
6. 파인애플 보트에 준비한 과일을 고르게 섞어서 담는다.
7. 먹기 직전 준비한 과일 소스를 올려 제공한다.
8. 파슬리 또는 보트에 관련된 장식을 하기도 한다.

■ 고수의 노하우 포인트
- 과일은 다양하게 계절 과일을 사용할 수 있으며, 만들어 놓은 소스는 과일에 섞는 것 보다는 올려서 제공하는 것이 훨씬 시각적 효과가 좋다.
- 소스는 그날 그날 만들것!

토마토 모짜렐라 치즈 샐러드

토마토모짜렐라치즈샐러드 소스 배합비		
재료(약 10접시)	중량	원가 산출
바질	100g	
갈은 마늘	50g	
발사믹 식초	100g	
소금	20g	
후춧가루	1g	
올리브 오일	100g	
오레가노	20g	
바질잎	10g	
잣가루	10g	

토마토모짜렐라치즈샐러드 세팅 재료 및 중량		
재료(한 접시)	중량	원가 산출
토마토	150g	
프레시 모짜렐라 치즈	200g	

● 토마토모짜렐라치즈샐러드 소스 배합하기

1. 바질은 곱게 다진다.
2. 발사믹 식초와 올리브 오일과 잣가루를 섞고, 소금/후춧가루를 넣는다.
3. 곱게 다진 바질을 2번에 섞는다.
4. 마지막으로 오레가노를 넣고 골고루 섞어 마무리한다.

● 토마토모짜렐라치즈샐러드 만들기 및 세팅하기

1. 토마토는 깨끗이 씻어 반달 모양 또는 원형으로 약간 도톰하게 저며 썬다.
2. 프레시 모짜렐라 치즈는 반달 모양 또는 원형으로 도톰하게 썰어 놓는다.
3. 접시에 썰어 놓은 토마토와 치즈를 사이사이에 담아 놓는다.
4. 먹기 직전 준비한 소스를 올려 제공한다.

■ 고수의 노하우 포인트
• 소스는 하루 사용할 양만 만들어 사용한다.

과일화채

과일화채 배합비와 세팅 재료 및 중량

재료(1회 제공량)	중량	원가 산출
수박	250g	
바나나	1개	
키위	2개	
사과	1개	
우유	700g	
설탕 시럽	100g	
후르츠 칵테일	100g	
얼음	10개	

● **과일화채 배합하기와 만들기 및 세팅하기**

1. 수박은 잘라서 150g 정도는 작은 깍둑 모양으로 썰어 놓는다.
2. 바나나는 껍질을 벗겨 수박과 같은 크기로 썰어 놓는다.
3. 사과 / 키위도 크기가 비슷한 모양으로 썬다.
4. 나머지 수박 100g과 우유 700g을 설탕 시럽과 섞어 믹서기에 갈아 놓는다.
5. 갈아 놓은 4번을 차갑게 냉장고에 보관한다.
6. 후르츠 칵테일은 통을 열어 체에 받쳐 놓는다.
7. 썰어 놓은 과일과 후르츠 칵테일을 섞은 후, 우유 / 수박을 넣고 살살 섞어 놓는다.
8. 섞은 과일 화채에 얼음을 첨가한다.

■ **고수의 노하우 포인트**
• 수박과 우유를 넣고 갈은 것을 살짝 슬러시해서 사용해도 좋다.

황도아이스

황도아이스 배합비와 세팅 재료 및 중량

재료(1회 제공량)	중량	원가 산출
황도캔	1통	
설탕조림 체리	5개	
파인애플캔	100g	
오렌지 주스	100g	
황도캔 주스	1캔	

● 황도아이스 배합하기와 만들기 및 세팅하기

1. 황도캔 뚜껑을 열어 황도를 꺼내 국물은 따로 체에 받쳐 놓는다.
2. 황도는 1/4등분으로 잘라 놓는다.
3. 파인애플과 오렌지 주스 / 황도 국물을 믹서기에 넣어 갈아 살짝 얼린다.
4. 접시에 황도를 담고, 갈아 놓은 주스를 붓고 조림 체리를 올려 제공한다.

■ 고수의 노하우 포인트
• 황도캔만 따서 제공하는 것 보다는 국물과 주스를 이용한 황도 아이스를 만든다.

핫족발무침

핫족발무침 양념 배합비

재료(약 10접시)	중량	원가 산출
고춧가루	400g	
청양고춧가루	50g	
파인애플즙	170g	
갈은 마늘	120g	
깨가루	20g	
새우젓	150g	
조미료	10g	
소금	3g	
양파즙	100g	
사이다	250g	
생강즙	5g	
요리당	170g	
매실액	50g	
간장	20g	
소고기 엑기스	10g	
고추장	100g	
소주	100g	
발효 겨자	5g	
고추기름	20g	

핫족발무침 세팅 재료 및 중량

재료(한 접시)	중량	원가 산출
썰은 족발	250g	
부추	100g	
양파	60g	
당근	30g	
청양고추	10g	
홍고추	5g	
참기름	10g	
통깨	약간	
깻잎	10g	

● 핫족발무침 양념 배합하기

1. 사이다에 고춧가루와 고추장을 넣고 골고루 배합시킨다.
2. 배합된 1번 양념에 준비한 나머지 양념을 넣고 섞는다.
3. 섞여진 양념을 밀폐 용기에 담고, 냉장고에서 48시간 숙성 후 사용한다.

● 핫족발무침 만들기 및 세팅하기

1. 족발은 뼈를 발라 얇게 썰어 준비한다.
2. 부추는 약 5cm 길이로 썰어 놓는다.
3. 양파와 당근은 채로 썰어 놓는다.
4. 청양고추와 홍고추는 송송 썰어 준비한다.
5. 숙성된 양념으로 족발을 무친 후, 야채를 넣어 다시 살짝 무쳐 놓는다.
6. 무친 족발에 참기름과 부추를 넣고 살짝 더 무치고 접시에 깻잎을 깔고 무친 족발을 담고 그 위에 부추를 올린다.
7. 올린 족발 무침에 청양·홍고추 / 통깨를 뿌려 제공한다.

■ 고수의 노하우 포인트
• 양념에 사이다를 섞을 경우 숙성 기간이 하루 정도 더 길어진다.

비법 전수 16

훈제오리부추무침

훈제오리부추무침 양념 배합비

재료(약 10접시)	중량	원가 산출
고춧가루	200g	
고추장	100g	
조미료	10g	
갈은 마늘	120g	
양파즙	100g	
갈은 생강	20g	
간장	30g	
매실액	50g	
정종	50g	
요리당	100g	
설탕	50g	
후춧가루	2g	
파인애플 주스	200g	

훈제오리부추무침 세팅 재료 및 중량

재료(한 접시)	중량	원가 산출
훈제오리	150g	
부추	100g	
양파	60g	
당근	30g	
들깨가루	10g	
청고추	5g	
홍고추	5g	
머스터드	30g	

● **훈제오리부추무침 양념 배합하기**

1. 파인애플 주스와 고춧가루를 넣어 섞는다.
2. 1번 양념에 고추장 / 갈은 마늘 / 갈은 생강 / 간장 / 매실액 등등 준비한 나머지 양념을 넣고 골고루 섞는다.
3. 섞어진 양념을 24시간 냉장 숙성 후 사용한다.

● **훈제오리부추무침 만들기 및 세팅하기**

1. 훈제오리는 살짝 팬에 구워 기름을 제거시켜 준비한다.
2. 부추는 깨끗이 씻어 4~5cm 길이로 썰어 놓는다.
3. 양파와 당근은 채를 썰어 놓는다.
4. 청·홍고추는 어슷어슷 썰어서 찬물에 살짝 담가 씨를 빼고 체에 받쳐 놓는다.
5. 기름을 제거시킨 훈제오리와 양파 / 당근에 숙성된 양념을 넣고 골고루 버무린다.
6. 양념이 골고루 버무려지면, 부추와 청·홍고추를 넣고 살살 버무린 후 들깨가루를 솔솔 뿌려 제공한다.
7. 머스터드를 함께 제공한다.
8. 오리훈제만 옆으로 담고 부추와 야채만 양념에 버무려 담기도 한다.

■ **고수의 노하우 포인트**
• 훈제오리는 부추와 들깨가 잘 어울리는 메뉴이다.

비법 전수 17

나쵸깐풍기

나쵸깐풍기 양념 배합비

재료(약 10접시)	중량	원가 산출
간장	400g	
굴소스	40g	
설탕	250g	
식초	20g	
생강즙	20g	
정종	50g	
매실액	30g	
통후추	10g	

나쵸깐풍기 세팅 재료 및 중량

재료(한 접시)	중량	원가 산출
생닭	1/2마리	
달걀	1개	
된녹말	40g	
당근	30g	
양파	50g	
태국고추	5g	
실파	10g	
나쵸	50g	
후춧가루	0.5g	
정종	10g	
생강즙	5g	
편마늘	10g	
튀김 기름	1리터 이상	
고추기름	10g	
청·홍고추	10g	
참기름	5g	

● **나쵸깐풍기 양념 배합하기**

1. 간장과 굴소스 / 설탕 / 통후추를 냄비에 담고 설탕이 녹을 정도로 살짝 끓인다.
2. 끓인 양념에 준비한 나머지 양념을 넣고 골고루 배합시킨다.
3. 배합된 양념 2번을 냉장 보관 후 사용한다.
4. 소스를 사용할 때는 소스 안에서 통후추는 빼고 사용한다.

● **나쵸깐풍기 만들기 및 세팅하기**

1. 닭은 토막을 내서 깨끗이 씻어 체에 받쳐 놓는다.
2. 준비한 닭에 생강즙 / 정종 / 후춧가루를 넣고 버무려 하루 정도 숙성시킨다.
3. 숙성된 닭에 달걀물을 조금 섞고, 된녹말을 넣어 버무린다.
4. 튀김 기름은 온도를 170℃로 맞추고, 된녹말에 버무린 닭을 기름에 넣어 두 번 튀겨 낸다.
5. 양파와 당근 / 실파 / 청·홍고추는 송송 썰어 놓는다.
6. 팬에 고추기름을 살짝 두르고, 태국고추와 썰어 놓은 당근과 양파를 넣고 볶는다.
7. 볶아지는 팬에 깐풍기 양념을 넣고 튀긴 닭을 넣고 졸이듯이 볶는다.
8. 다 볶아지면 불을 끄고 나쵸를 넣어 가볍게 섞은 후 그릇에 담는다.
9. 청·홍고추와 실파를 솔솔 뿌려 마무리한다.

■ **고수의 노하우 포인트**
- 된녹말이란 녹말과 물을 5:5로 섞어서 녹말을 가라 앉히면 물과 분리가 된다. 분리된 물을 따라 버렸을 때 가라 앉은 녹말을 된녹말이라 한다. 튀김에는 된녹말을 많이 사용한다.

닭강정

닭강정 양념 배합비

재료(약 10마리)	중량	원가 산출
생수	1리터	
간장	100g	
고운 고춧가루	50g	
소금	50g	
황물엿	3kg	
핫 칠리소스	400g	
조미료	10g	
고추씨기름	250g	
케첩	800g	
생강즙	50g	
설탕	30g	

닭강정 세팅 재료 및 중량

재료(한 마리)	중량	원가 산출
닭	600g	
생강즙	20g	
정종	20g	
치킨 파우더	100g	
후춧가루	0.5g	
맛소금	3g	
홍고추	10g	
청양고추	10g	
튀김 기름	2리터 이상	
파채	10g	

● **닭강정 양념 배합하기**

1. 생수에 간장과 황물엿 / 설탕을 넣고 물엿이 녹을 때까지 끓인다.
2. 끓인 1번 양념을 식히고, 준비된 나머지 양념을 넣고 골고루 저어서 섞는다.
3. 섞인 양념은 밀폐 용기에 담아 냉장 보관한다.

● **닭강정 만들기 및 세팅하기**

1. 닭은 먹기 좋게 토막을 내고 물에 헹구어 핏기를 제거하고 채반에 받쳐 놓는다.
2. 물기를 제거한 닭에 맛소금과 생강즙 / 정종을 넣어 버무린다.
3. 청양고추와 홍고추는 어슷어슷 썰어 놓는다.
4. 밑간이 된 닭을 치킨 파우더에 다시 버무린다.
5. 튀김 기름 온도를 170℃ 정도로 맞추고 치킨 파우더에 버무린 닭을 두 번 튀겨 낸다.
6. 팬에 준비한 닭강정 양념을 넣고 팔팔 끓인다.
7. 끓고 있는 양념에 튀긴 닭강정을 넣고 버무린 후 청양·홍고추 / 파채를 올려 제공한다.

■ **고수의 노하우 포인트**
- 닭강정의 매운맛을 내고 싶을 때는 태국고추를 넣어 먼저 볶고 닭강정 소스를 끓여서 사용한다.

비법 전수 19

 # 양념치킨치즈불닭

양념치킨치즈불닭 양념 배합비

재료(약 10접시)	중량	원가 산출
육수	500g	
간장	50g	
청양고춧가루	150g	
고추장	300g	
검은 물엿	1kg	
핫 칠리소스	100g	
조미료	10g	
우스타소스	100g	
케첩	200g	
굴소스	100g	
소고기 분말	40g	
생강즙	50g	
두반장	20g	
갈은 양파	500g	
갈은 마늘	100g	
설탕	100g	
소주	100g	
후춧가루	2g	

양념치킨치즈불닭 세팅 재료 및 중량

재료(1회 제공량)	중량	원가 산출
생닭	1마리	
피망	50g	
파프리카	70g	
양파	60g	
태국고추	5g	
편마늘	10g	
모짜렐라 치즈	120g	
생강즙	10g	
정종	30g	
떡볶이 떡	60g	
대파	20g	
청·홍고추	10g	
맛소금	1g	
후춧가루	0.2g	
치킨 파우더	150g	
파슬리 가루	0.5g	
튀김 기름	2리터 이상	

● 양념치킨치즈불닭 양념 배합하기

1. 냄비에 육수 / 검은 물엿 / 간장 / 두반장 / 굴소스 / 소고기 분말을 넣어 끓인 후 식힌다.
2. 식힌 양념 1번에 나머지 준비한 양념을 넣고 골고루 섞어 놓는다.
3. 섞여진 양념은 12시간 냉장 숙성 후 사용한다.

● 양념치킨치즈불닭 만들기 및 세팅하기

1. 닭은 먹기 좋게 토막을 내고 핏기를 씻어 체에 받쳐 놓는다.
2. 씻어 놓은 닭을 맛소금 / 후춧가루 / 생강즙 / 정종을 넣고 버무린 후 약 12시간 이상 냉장 숙성시킨다.
3. 피망/파프리카/양파는 납작하게 썰고, 대파는 1cm 길이로 썬다.
4. 청·홍고추는 송송 썰고, 태국고추는 입자있게 다진다.
5. 숙성시킨 닭에 치킨 파우더를 넣고 골고루 버무린다.
6. 튀김 기름 온도를 170℃ 정도로 맞추고, 치킨 파우더에 버무린 닭을 튀김 기름에 넣고 약 12~15분 정도 튀겨 낸다.
7. 팬에 치킨 양념을 담아 뜨겁게 끓이다가, 튀긴 치킨을 넣고 썰어 놓은 야채를 넣어 버무린다.
8. 뜨거운 철판에 양념 치킨을 담고, 모짜렐라 치즈를 올리고 살라만라에 넣고 치즈를 살짝 녹인다.
9. 치즈 위에 파슬리 가루를 솔솔 뿌려 제공한다.

■ **고수의 노하우 포인트**
• 오븐이 있을 경우 치즈를 올려 오븐에 살짝 구워도 된다.

 그린야채모둠돈가스

그린야채모둠돈가스 양념 배합비

재료(약 20접시 또는 20회 제공량)	중량	원가 산출
토마토페이스	100g	
양파	100g	
샐러리	30g	
당근	40g	
홀토마토	100g	
밀가루	10g	
버터	10g	
다진 마늘	50g	
월계수잎	2개	
통후추	5g	
정향	2g	
토마토케첩	100g	
우스타소스	40g	
스테이크소스	40g	
땅콩버터	10g	
소고기 엑기스	20g	
소고기 육수	1.5kg	
설탕	20g	
연유	20g	
적포도주	100g	

그린야채모둠돈가스 세팅 재료 및 중량

재료(1회 제공량)	중량	원가 산출
돼지고기등심	4쪽	
우유	100g	
생빵가루	200g	
밀가루	100g	
달걀	2개	
소금	2g	
후춧가루	0.2g	
튀김 기름	1리터 이상	
양상추	70g	
오이	60g	
당근	60g	
샐러리	40g	
비타민	20g	
게맛살	40g	
파프리카	50g	
피망	50g	
마요네즈소스	50g	

● 그린야채모둠돈가스 양념 배합하기

1. 두꺼운 팬에 버터를 녹이고, 밀가루를 은근히 오래 볶아서 갈색 루를 만들어 놓는다.
2. 1번에 다진 마늘을 넣고 볶다가 재료 분량의 야채들을 넣고 오래 볶는다.
3. 야채가 갈색이 나올 정도로 볶다가 토마토페이스 / 홀토마토를 넣고 살짝 볶는다.
4. 볶아지는 야채에 적포도주를 넣고 소고기 육수(소고기 육수 만드는 법은 175페이지 참조)와 분말 / 소고기 엑기스 / 향신료 (정향 / 월계수잎 / 통후추)를 넣고 불을 조절하면서 약 1시간 이상 끓인다.
5. 끓인 소스는 체에 걸러 다시 냄비에 담고, 우스타소스 / 스테이크소스 / 설탕 / 땅콩버터를 넣고 한 번 더 끓인다.
6. 끓인 소스에 연유를 첨가시키고 마무리한다.

● 그린야채모둠돈가스 만들기 및 세팅하기

1. 칼집을 넣은 돼지등심을 우유에 약 30분 정도 담가 둔다.
2. 담가 놓은 등심을 건져 소금 / 후춧가루로 밑간을 한다.
3. 밑간이 된 돼지고기에 밀가루를 묻히고 달걀물에 적신 후 빵가루를 묻힌다.
4. 빵가루를 묻힌 돼지고기는 냉장고에서 약 3시간 이상 숙성한다.
5. 양상추는 손으로 뜯어 찬물에 담가 건지고, 오이 / 당근 / 샐러리는 6cm 정도 길이로 썰어 양쪽 모서리를 다듬는다.
6. 비타민은 깨끗이 씻어 체에 받쳐 놓는다.
7. 튀김용 식용유의 온도를 170~180℃ 정도로 맞추고, 숙성된 돼지고기를 튀겨낸 후 기름이 빠지면 먹기 좋게 썰어 놓는다.
8. 접시에 양상추를 깔고, 돈가스를 올린 후 옆으로 비타민과 각종 야채를 돌려 담는다.
9. 야채에는 마요네즈소스를 살짝 올려 주고, 돈가스에는 만들어 놓은 소스를 올려 제공한다.

■ 고수의 노하우 포인트
• 제품용 돈가스소스를 사용할 경우에는 양념을 더 첨가하고 한 번 끓인 후 사용한다.

치킨탕수육

치킨탕수육 양념 배합비		
재료(약 10접시)	중량	원가 산출
케첩	1kg	
설탕	300g	
간장	50g	
칠리소스	200g	
굴소스	50g	
식초	200g	

치킨탕수육 세팅 재료 및 중량		
재료(한 접시)	중량	원가 산출
닭 살코기	400g	
달걀	1개	
생강즙	20g	
양파	20g	
오이	20g	
당근	20g	
후르츠 칵테일	40g	
적채	20g	
정종	10g	
된녹말	100g	
튀김 기름	1리터 이상	
식초	20g	

● **치킨탕수육 양념 배합하기**

1. 냄비에 케첩과 굴소스 / 간장 / 설탕을 섞어 설탕이 녹을 때까지 살짝 끓인다.
2. 끓인 소스는 식힌 후 칠리소스와 식초를 넣고 배합시킨다.
3. 배합된 양념은 냉장 보관한다.

● **치킨탕수육 만들기 및 세팅하기**

1. 닭은 살로 준비하고 한입 먹기 좋게 썰어 놓는다.
2. 절단한 닭살에 생강즙과 정종을 넣고 버무려 냉장고에서 숙성 시킨다.(약 3시간 이상)
3. 양파와 적채는 나박나박하게 썰고, 오이 / 당근은 반달로 썰어 놓는다.
4. 후르츠 칵테일은 통을 열고 체에 받쳐 놓는다.
5. 숙성된 닭살에 달걀을 풀어 섞는다.
6. 달걀물을 섞은 닭살에 된녹말을 버무린다.
7. 튀김 기름은 온도를 170℃ 정도로 맞추고, 된녹말에 버무린 닭살을 두 번 튀겨 낸다.
8. 팬에 만들어 놓은 탕수육 소스를 넣고 바글바글 끓이다가 야채를 넣는다.
9. 튀겨 놓은 치킨을 끓고 있는 소스에 넣고, 후르츠 칵테일과 식초를 조금 더 첨가하고 물녹말을 만들어 넣어 살짝 한 번만 끓여 농도를 맞춘 후 접시에 담아 제공한다.

■ **고수의 노하우 포인트**
- 파인애플 / 사과 / 오렌지 / 만다린 등 다양한 식재료를 사용할 수 있다.
- 물녹말은 소스를 만들 때 사용한다.(녹말과 물은 1:3의 비율로 만든다)

돼지껍데기볶음

돼지껍데기볶음 양념 배합비

재료(약 20회 제공량)	중량	원가 산출
고추장	300g	
간장	200g	
설탕	100g	
갈은 마늘	150g	
청양고춧가루	300g	
일반고춧가루	150g	
조미료	20g	
소고기 분말	10g	
후춧가루	2g	
생강즙	100g	
소주	200g	
요리당	20g	
양파즙	100g	
파인애플즙	50g	
소고기 육수	200g	
소금	20g	
검은 물엿	250g	

돼지껍데기볶음 세팅 재료 및 중량

재료(한 접시)	중량	원가 산출
돼지껍데기	200g	
실파	10g	
식용유	5g	
통깨	5g	
키위즙	20g	
생강즙	10g	
소주	20g	
청·홍고추	5g	

● 돼지껍데기볶음 양념 배합하기

1. 소주와 소고기 육수(소고기 육수 만드는 법은 175페이지 참조)에 고추장과 고춧가루가 잘 풀어지도록 충분히 거품기로 배합시킨다.
2. 배합시킨 양념에 분량의 재료를 넣어 배합시킨다.
3. 밀폐 용기에 담아 24시간 냉장 숙성 후 사용한다.

● 돼지껍데기 손질하기와 돼지껍데기볶음 만들기 및 세팅하기

1. 돼지껍데기는 끓는 물에 소금을 넣고 약 30초 정도 데쳐 찬물에 헹구어 체에 받쳐 놓는다.
2. 키위즙과 생강즙 / 소주를 섞어서 데친 돼지껍데기를 넣고 버무린 후 약 6시간 정도 숙성시켜 놓는다.
3. 청·홍고추와 실파는 송송 썰어 놓는다.
4. 숙성된 돼지껍데기는 먹기 좋게 썰어 놓는다.
5. 팬에 약간의 식용유를 두르고 돼지껍데기를 볶는다.
6. 볶고 있는 돼지껍데기에 숙성된 양념을 넣고 골고루 볶는다.
7. 불을 끄고, 청·홍고추 / 실파 / 통깨를 뿌려 제공한다.

■ **고수의 노하우 포인트**
- 돼지 등쪽의 껍질은 딱딱하고 먹기 힘들다. 맛있는 부위는 암돼지 배받이쪽이 가장 좋다.

 햄두부김치

햄두부김치 양념 배합비

재료(약 10접시)	중량	원가 산출
굵은 고춧가루	200g	
매운 고춧가루	50g	
조미료	10g	
후춧가루	0.5g	
갈은 생강	30g	
갈은 마늘	60g	
다진 양파	30g	
소주	50g	
멸치 육수	200g	
굴소스	30g	
설탕	20g	
요리당	50g	
소고기 분말	10g	

햄두부김치 세팅 재료 및 중량

재료(한 접시)	중량	원가 산출
두부	1모	
숙성 김치	400g	
실파	20g	
청·홍고추	10g	
통깨	5g	
참기름	10g	
캔햄	1통	
식용유	10g	

● 햄두부김치 양념 배합하기

1. 굵은 고춧가루와 매운 고춧가루를 섞어 놓는다.
2. 섞어 놓은 고춧가루 1번 양념에 멸치 육수(멸치 육수 만드는 법은 178페이지 참조) 또는 물을 섞어 배합시킨다.
3. 소주와 나머지 준비된 양념을 넣고 골고루 섞어서 냉장 보관 후 김치볶음에 사용한다.

● 햄두부김치 만들기 및 세팅하기

1. 두부는 따뜻한 물에 담가 놓는다.
2. 숙성된 김치는 속을 털어 내고 먹기 좋게 썰어 준비한다.
3. 청·홍고추 / 실파는 송송 썰어 놓는다.
4. 팬에 식용유를 두르고, 팬이 뜨겁게 달궈지면 김치를 넣고 볶는다.
5. 중간에 숙성된 양념을 넣고 얼큰하게 볶는다.
6. 두부는 꺼내서 물기를 제거하고 두툼한 사각형 모양으로 썰어 놓는다.
7. 햄도 두부와 비슷하게 썰어 살짝 팬에 지져 놓는다.
8. 접시에 두부와 햄을 번갈아 담는다.
9. 볶아진 김치에 참기름을 넣고 살짝 버무린 후 두부 담긴 접시 가운데에 담아 놓는다.
10. 청·홍고추와 통깨 / 실파를 올려 마무리한다.

■ 고수의 노하우 포인트
- 김치에 돼지고기를 넣고 볶아 간단한 두부김치를 만들 수 있다.

얼큰오징어볶음

얼큰오징어볶음 양념 배합비

재료(약 10접시)	중량	원가 산출
일반 고춧가루	200g	
매운 청양고춧가루	70g	
조미료	10g	
간장	150g	
요리당	200g	
고추장	400g	
후춧가루	2g	
천일염	10g	
소고기 분말	10g	
갈은 생강	40g	
갈은 사과	200g	
갈은 파인애플	100g	
갈은 양파	250g	
소고기 육수 또는 생수	140g	
소주	120g	
갈은 마늘	100g	
매실액	20g	
배즙	100g	

얼큰오징어볶음 세팅 재료 및 중량

재료(한 접시)	중량	원가 산출
오징어	2마리	
양파	70g	
대파	30g	
당근	50g	
청양고추	10g	
홍고추	5g	
양배추	60g	
갈은 마늘	20g	
소주	20g	
통깨	10g	
고추기름	15g	
태국고추	5g	

● **얼큰오징어볶음 양념 배합하기**

1. 소고기 육수(소고기 육수 만드는 법은 175페이지 참조)에 재료 분량의 고춧가루와 고추장을 뭉치지 않게 잘 풀어 놓는다.
2. 풀어 놓은 1번 양념에 나머지 양념을 넣고 거품기로 골고루 섞는다.
3. 배합시킨 양념은 냉장 보관 후 사용한다.

● **얼큰오징어볶음 만들기 및 세팅하기**

1. 오징어는 내장을 제거하고 껍질을 벗겨 깨끗이 씻어 먹기 좋게 썰고, 생강즙과 정종에 버무려 놓는다.
2. 양파는 두껍게 채를 썰고, 당근도 도톰하게 어슷 썰어 놓는다.
3. 대파도 어슷 썰고, 청양·홍고추는 송송 썰어 놓는다.
4. 양배추는 오징어 크기와 비슷하게 썰어 준비한다.
5. 팬에 고추기름을 두르고 태국고추를 빠르게 볶다가, 오징어를 넣고 센불에 볶는다.
6. 숙성된 양념을 넣고, 썰어 놓은 야채를 넣어 빠르게 볶는다.
7. 볶은 오징어를 뜨거운 철판에 담고 청양·홍고추를 올려 깨를 뿌리고 제공한다.(삶은 콩나물을 옆으로 올려 줄 수도 있다.)

■ **고수의 노하우 포인트**
- 냉동 오징어는 자연 해동 후 사용하고, 살짝 데쳐 사용하면 물이 생기지 않는다.

 손두부낙지볶음

손두부낙지볶음 양념 배합비

재료(약 10접시)	중량	원가 산출
고추장	200g	
간장	200g	
설탕	60g	
갈은 마늘	150g	
고운 고춧가루	120g	
굵은 고춧가루	300g	
조미료	20g	
소고기 분말	15g	
후춧가루	2g	
생강즙	60g	
소주	100g	
요리당	70g	
양파즙	100g	
새우액젓	50g	
굴소스	50g	
매실액	60g	
해물 육수	300g	

손두부낙지볶음 세팅 재료 및 중량

재료(한 접시)	중량	원가 산출
낙지	2마리	
손두부	한 모	
양파	60g	
당근	30g	
청·홍고추	10g	
미나리	40g	
실파	10g	
통깨	약간	
참기름	10g	
물녹말	10g	
식용유	10g	
대파채	20g	
갈은 마늘	10g	

● **손두부낙지볶음 양념 배합하기**

1. 해물 육수(해물 육수 만드는 법은 176페이지 참조)에 고춧가루와 고추장을 배합시켜 준비한다.
2. 준비된 양념 1번에 나머지 분량의 양념 재료를 넣고 골고루 섞어 놓는다.
3. 만들어 놓은 양념을 48시간 냉장 숙성 후 사용한다.

● **손두부낙지볶음 만들기 및 세팅하기**

1. 낙지는 굵은 것을 준비하고, 밀가루와 소금을 넣고 조물조물 주물러 씻는다.
2. 양파와 당근은 채를 썰고, 미나리는 먹기 좋게 썰어 놓는다.
3. 청·홍고추와 실파는 송송 썰어 놓는다.
4. 손두부는 뜨거운 물에 담가 놓는다.
5. 팬에 기름을 두르고, 팬이 뜨거워지면 갈은 마늘을 넣고 볶다가 재빠르게 야채를 넣는다.
6. 야채를 넣고 낙지와 양념을 넣어 볶다가, 물녹말을 조금 붓고 살짝 끓인다.
7. 볶아진 낙지에 참기름을 넣고 마무리한다.
8. 뜨거운 물에 담가 놓은 손두부 한 모를 건져 형태 그대로 접시에 담는다.
9. 담아 놓은 손두부 위에 낙지볶음을 얹고, 대파채/청·홍고추를 올려 제공한다.

■ **고수의 노하우 포인트**
• 냉동 낙지는 자연 해동 후 생강즙과 정종으로 숙성시켜 사용하면 좋다.

겨자소스파닭

겨자소스파닭 양념 배합비

재료(약 10접시)	중량	원가 산출
가루 겨자	100g	
설탕	250g	
식초	350g	
물엿	100g	
머스터드	100g	
소금	10g	
생수	200g	

겨자소스파닭 세팅 재료 및 중량

재료(한 접시)	중량	원가 산출
생닭	한 마리	
대파	150g	
치킨 파우더	200g	
튀김 기름	2리터 이상	

● **겨자소스파닭 양념 배합하기**

1. 가루 겨자는 약 30℃ 온도의 더운물에 넣고 거품기로 저어 겨자를 발효시킨다.
2. 톡 쏘는 향이 날 때 발효가 된 것이다.
3. 발효된 겨자에 준비한 분량의 양념 재료를 넣어 섞는다.

● **겨자소스파닭 만들기 및 세팅하기**

1. 생닭을 12~16조각으로 나누고, 염지제를 사용하여 염지를 12~24시간 정도 한다.
2. 염지된 닭을 건져 준비된 치킨 파우더에 넣고 골고루 버무린다.
3. 대파는 파채 기계를 이용하여 가늘게 파채를 만들어 찬물에 살짝 헹구어 채반에 받쳐 놓는다.
4. 튀김 온도는 170~180℃로 맞추고, 치킨 파우더로 버무린 닭을 넣고 약 12~15분 정도 튀겨 놓는다.
5. 튀긴 치킨에서 기름이 어느 정도 빠지면 접시에 담는다.
6. 담은 치킨 위에 준비한 파채를 올리고, 겨자소스를 올려 제공한다.

■ **고수의 노하우 포인트**
- 치킨 튀기는 시간은 치킨 사이즈 / 치킨 양 / 식용유의 양 / 기름 온도에 따라 차이가 있을 수 있다.

야채족발냉채

야채족발냉채 양념 배합비

재료(약 10접시)	중량	원가 산출
발효 겨자	200g	
갈은 마늘	250g	
설탕	650g	
식초	500g	
소금	30g	
참기름	30g	
소고기 육수	400g	

야채족발냉채 세팅 재료 및 중량

재료(한 접시)	중량	원가 산출
족발	250g	
해파리	100g	
적채	50g	
양파	60g	
게맛살	60g	
오이	60g	
당근	40g	
양상추	60g	
건포도	20g	

● 야채족발냉채 양념 배합하기

1. 마늘은 칼로 곱게 다진다.
2. 발효 겨자에 소고기 육수(소고기 육수 만드는 법은 175페이지 참조)와 설탕 / 소금을 넣고 거품기로 저어 가며 녹인다.
3. 설탕을 녹인 발효 겨자에 식초를 넣고 섞은 후, 다진 마늘과 참기름을 넣고 잘 섞어 보관 후 사용한다.

● 야채족발냉채 만들기 및 세팅하기

1. 해파리는 뜨거운 물에 넣었다 바로 꺼내 찬물에 헹구어 설탕과 식초를 섞은 물에 담가 놓는다.
2. 족발은 편으로 썰어 준비해 놓는다.
3. 게맛살은 5cm 길이로 찢어 놓고, 오이도 길게 채를 썰어 놓는다.
4. 양상추는 손으로 뜯어 찬물에 담가 건져 체에 받쳐 놓는다.
5. 당근 / 양파 / 적채도 채를 썰어 찬물에 잠시 담가 건져 놓는다.
6. 족발을 접시에 담고, 썰어 놓은 야채와 게맛살 / 해파리를 올리고 발효시킨 겨자소스를 뿌린다.
7. 겨자소스를 뿌린 족발냉채에 건포도를 올려 제공한다.

■ **고수의 노하우 포인트**
- 겨자소스에 사용되는 마늘은 칼로 다져야 깔끔한 마늘맛을 살릴 수 있다.
- 마늘을 믹서에 갈아서 사용하거나 빻아서 사용하면, 지저분하며 깔끔한 맛을 느낄 수 없다.

마른오징어절임구이

마른오징어절임구이 양념 배합비

재료(약 10마리)	중량	원가 산출
간장	300g	
흰 물엿	200g	
해물 육수	300g	
정종	100g	
설탕	60g	
생강즙	20g	
굴소스	10g	
매실즙	30g	

마른오징어절임구이 세팅 재료 및 중량

재료(한 마리)	중량	원가 산출
마른 오징어	한 마리	
통깨	약간	
통마늘	10개	
실파	5g	

● 마른오징어절임구이 양념 배합하기

1. 흰 물엿에 간장을 섞어 살짝 끓인다.
2. 끓인 간장에 준비한 나머지 양념을 넣고 골고루 섞는다.
3. 섞은 양념은 냉장 보관 후 사용하며, 사용할 때는 반드시 저어서 사용한다.

● 마른오징어절임구이 만들기 및 세팅하기

1. 마른 오징어를 씻어 물에 잠시 담가 건진다.
2. 간장 양념에 오징어를 절여 놓는다.
3. 절여진 오징어를 꺼내 먹기 좋게 썰어 놓는다.
4. 오징어를 건진 간장 양념을 냄비에 끓인다.
5. 양념이 끓고 있을 때 썰어 놓은 오징어와 통마늘을 넣고 졸인다.
6. 졸여진 오징어와 통마늘을 꺼내 통깨와 송송 썬 실파를 올린다.

■ **고수의 노하우 포인트**
• 안주용으로 사용할 경우 약간 짭짤하게 졸인다.

비법 전수 29

 닭봉구이조림

닭봉구이조림 양념 배합비

재료(약 10접시)	중량	원가 산출
닭 육수	1.5kg	
진간장	350g	
소주	200g	
흰 설탕	200g	
통양파	250g	
대파 뿌리	20g	
편생강	60g	
건고추	5g	
통후추	3g	
가쯔오 엑기스	50g	
검은 물엿	300g	

닭봉구이조림 세팅 재료 및 중량

재료(한 접시)	중량	원가 산출
닭봉	15개	
파채	30g	
청·홍고추	10g	
통깨	5g	
참기름	10g	
치킨 파우더	50g	
버터	5g	
식용유	30g	
생강즙	10g	
정종	10g	
갈은 마늘	10g	
파슬리 가루	5g	

● **닭봉구이조림 양념 배합하기**

1. 닭 육수(닭 육수 만드는 법은 174페이지 참조)에 준비된 분량의 양념과 야채를 모두 넣고 3/5이 되도록 은근히 졸인다.
2. 졸인 양념은 완전히 식힌다.
3. 식힌 양념은 체로 걸러 밀폐 용기에 담아 보관 후 사용한다.

● **닭봉구이조림 만들기 및 세팅하기**

1. 닭봉을 깨끗이 씻어 생강즙 / 정종에 재워 놓는다.
2. 재워 놓은 닭봉을 치킨 파우더에 대충대충 섞는다.
3. 팬에 버터와 식용유를 넉넉히 넣고, 따끈할 때 닭봉을 넣고 볶듯이 굽는다.
4. 다 익은 닭봉을 꺼내 냅킨에 올려 기름을 제거시킨다.
5. 팬에 준비된 졸임 양념을 넣고 끓이다가, 갈은 마늘과 튀긴 닭봉을 넣고 윤기나게 졸이고, 참기름을 넣고 마무리한다.
6. 청·홍고추는 씨를 제거하고 다지듯이 썰고, 실파는 송송 썰어 놓는다.
7. 준비된 그릇에 닭봉을 담고, 한 쪽에 파채를 얹고, 닭봉조림 위에 통깨/청·홍고추를 올린다.

■ **고수의 노하우 포인트**
- 닭봉구이조림에 매운맛을 내려면, 양념을 조림할 때 고운 청양고춧가루 또는 태국 고추를 넣는다.

모둠조개탕

모둠조개탕 육수 배합비

재료(약 10회 제공량)	중량	원가 산출
해물 육수	6kg	
조개 분말	30g	
꽃소금	20g	
혼다시	20g	

모둠조개탕 세팅 재료 및 중량

재료(1회 제공량)	중량	원가 산출
백합조개	50g	
동죽	70g	
모시조개	60g	
대합	1개	
중합	2개	
맛조개	40g	
대맛조개	40g	
민들조개	40g	
실파	10g	
청양고추	5g	
홍고추	5g	

● 모둠조개탕 육수 배합하기

1. 해물 육수(해물 육수 만드는 법은 176페이지 참조)에 양념 재료를 넣고 한소끔 끓여 놓는다.

● 모둠조개탕 만들기 및 세팅하기

1. 조개는 소금물에 담가 해감을 충분히 빼 놓는다.
2. 실파는 송송 썰고, 청양고추 / 홍고추도 송송 썰어 놓는다.
3. 해물 육수를 끓이다가, 해감한 조개류를 넣고 끓인다.
4. 중간에 거품을 걷어 낸다.
5. 조개 입이 벌어지면 불을 끄고 실파와 청양·홍고추를 올려 제공하고, 테이블에서 계속 끓여 먹을 수 있도록 준비한다.

■ 고수의 노하우 포인트
- 냉동조개를 사용할 경우 별도로 살짝 한 번 끓여 국물은 체에 받쳐 사용하고, 조개는 해감을 시켜 사용한다.
- 조개를 오래 끓이면 질겨지므로 입이 벌어지면 바로 불을 끈다.

 어묵탕

어묵탕 육수 배합비		
재료(약 10회 제공량)	중량	원가 산출
다시마 멸치 육수	6kg	
조개 분말	20g	
가쯔오 엑기스	60g	
소금	20g	

어묵탕 세팅 재료 및 중량		
재료(1회 제공량)	중량	원가 산출
어묵(혼합 어묵)	200g	
곤약	60g	
삶은 달걀	2개	
대파	20g	
청양고추	10g	
홍고추	5g	
무	50g	
정종	30g	

● 어묵탕 육수 배합하기

1. 다시마 멸치 육수(다시마 멸치 육수 만드는 법은 177페이지 참조)에 조개 분말과 가쯔오 엑기스 / 소금을 넣고 한 번 끓여 놓는다.

● 어묵탕 만들기 및 세팅하기

1. 어묵은 여러 형태의 모양으로 준비한다.
2. 끓는 물에 어묵을 살짝 데쳐 놓는다.
3. 곤약은 직사각형으로 잘라 가운데 칼집을 넣고 한 번 꼬아 놓는다.
4. 실파 / 청양·홍고추는 송송 썰어 놓는다.
5. 무는 은행잎 모양으로 썰어 준비한다.
6. 달걀은 삶아 찬물에 열기를 식히고 껍질을 벗겨 놓는다.
7. 육수에 무를 넣고 끓인다.
8. 무가 익으면 데쳐 놓은 어묵 / 곤약을 넣고 끓이다가, 삶은 달걀을 넣는다.
9. 한 번 더 끓으면, 불을 끄고 실파와 청양·홍고추를 올려 제공한다.

■ 고수의 노하우 포인트
• 어묵탕에 홍합을 몇 개 넣고 끓여도 맛이 좋다.

비법 전수 32

 알탕

알탕 양념 배합비

재료(약 10회 제공량)	중량	원가 산출
고추장	50g	
고춧가루	170g	
갈은 마늘	100g	
갈은 생강	40g	
소주	70g	
조미료	7g	
소금	25g	
굴소스	10g	
소고기 엑기스	40g	
간장	30g	
다시마 멸치 육수	300g	

알탕 세팅 재료 및 중량

재료(1회 제공량)	중량	원가 산출
동태알	3개	
대구고니	70g	
대구알	100g	
대하	2~3개	
무	70g	
콩나물	10g	
갈은 마늘	10g	
대파	10g	
청양고추	5g	
홍고추	5g	
미나리	30g	
다시마 멸치 육수	600g	

● **알탕 양념 배합하기**

1. 다시마 멸치 육수(다시마 멸치 육수 만드는 법은 177페이지 참조)에 고춧가루를 넣고 불린다.
2. 불린 고춧가루에 나머지 양념을 넣고 골고루 배합시킨다.
3. 배합된 양념을 밀폐 용기에 담아 냉장 숙성 후 사용한다.

● **알탕 만들기 및 세팅하기**

1. 준비된 알과 고니는 체에 받쳐 흐르지 않게 씻어 놓는다.
2. 미나리는 먹기 좋게 썰고, 무는 은행잎 모양으로 썰어 놓는다.
3. 청양·홍고추 / 대파는 어슷어슷 썰어 놓는다.
4. 냄비에 무와 콩나물 / 육수를 넣고 끓인다.
5. 무가 익으면 양념을 풀고 준비된 알과 대하를 넣고 끓이다가, 갈은 마늘 / 대파를 넣는다.
6. 알이 익으면, 불을 끄고 청양·홍고추를 올려 제공한다.

■ **고수의 노하우 포인트**
• 냉동 알을 사용할 경우 냉장고에서 자연 해동을 한다. 자연 해동한 알은 깨끗이 체에 받쳐 씻고, 생강즙과 정종을 섞어서 연하게 버무려 놓는다.

비법 전수 33

 # 해물짬뽕탕

해물짬뽕탕 양념 배합비

재료(약 10회 제공량)	중량	원가 산출
일반고춧가루	120g	
청양고춧가루	300g	
해물 육수	600g	
해물 엑기스	50g	
갈은 마늘	150g	
갈은 생강	20g	
굴소스	70g	
조미료	10g	
후춧가루	1g	
소금	50g	
소주	50g	
설탕	5g	

해물짬뽕탕 세팅 재료 및 중량

재료(1회 제공량)	중량	원가 산출
낙지	1/2마리	
절단 꽃게	3개	
홍합	3~4개	
대하	3~4개	
주꾸미	100g	
조개류	60g	
양파	30g	
청경채	20g	
갈은 마늘	10g	
태국고추	5g	
정종	20g	
부추	20g	
식용유	10g	
배추	20g	
해물 육수	500g	

● **해물짬뽕탕 양념 배합하기**

1. 일반고춧가루와 청양고춧가루를 섞어 놓는다.
2. 해물 육수(해물 육수 만드는 법은 176페이지 참조)에 섞여진 고춧가루를 넣고 불린다.
3. 불린 양념에 나머지 양념을 넣고 골고루 배합시킨 후 냉장 숙성한다.

● **해물짬뽕탕 만들기 및 세팅하기**

1. 낙지는 굵은 소금과 밀가루를 넣고 조물조물 주물러 씻어 5cm 길이로 썰어 놓는다.
2. 오징어는 껍질을 벗기고, 잔 칼집을 넣고 먹기 좋게 잘라 놓는다.
3. 절단 꽃게/홍합/대하/조개류는 깨끗이 씻어 준비한다.
4. 양파/배추는 큼직큼직하게 썰어 놓고, 부추는 5cm 길이로 썰어 놓는다.
5. 태국고추는 굵게 다져 놓고, 청경채는 1/2로 갈라 놓는다.
6. 팬에 식용유를 넉넉히 두르고 태국고추를 재빠르게 볶는다.
7. 볶아지는 팬에 갈은 마늘을 넣고 해물을 넣어 살짝 볶다가, 정종도 넣고 배추/양파와 양념을 넣는다.
8. 육수를 붓고 끓이다가, 불을 끄고 부추와 청경채를 올려 제공한다.

■ **고수의 노하우 포인트**
• 태국고추를 볶아서 사용할 때는 재빠르게 볶아야 타지 않고 맛을 낼 수 있다.

 부대탕

부대탕 육수 배합비

재료(약 10회 제공량)	중량	원가 산출
사골 육수	8kg	
소고기 엑기스	10g	
볶은 소금	5g	

부대탕 양념 배합비

재료(약 10회 제공량)	중량	원가 산출
중간 굵기 고춧가루	200g	
건고추	20g	
다진 양파	30g	
조미료	10g	
국간장	20g	
볶은 소금	20g	
설탕	10g	
후춧가루	1g	
고추장	20g	
사골 육수	400g	
굴소스	30g	
소고기 분말	10g	
갈은 마늘	50g	

부대탕 세팅 재료 및 중량

재료(1회 제공량)	중량	원가 산출
부대찌개햄	120g	
소시지(여러 종류)	150g	
베이컨	40g	
베이키드빈	80g	
치즈	10g	
대파	60g	
양파	80g	
청·홍고추	10g	
갈은 마늘	20g	
부대찌개 육수	800g	
쑥갓	20g	
떡국 떡	40g	
갈은 민찌햄	20g	

● 부대탕 육수 배합하기

1. 사골 육수(사골 육수 만드는 법은 175페이지 참조)에 준비된 소고기 엑기스와 볶은 소금을 넣고 한 번 끓여 놓는다.

● 부대탕 양념 배합하기

1. 식힌 사골 육수에 건고추를 넣고 믹서기로 갈아 놓는다.
2. 갈아 놓은 건고추물에 고춧가루를 넣고 불린 후, 나머지 양념들을 넣어 골고루 배합시킨다.
3. 배합된 양념을 24시간 냉장 숙성 후 사용한다.

● 부대탕 만들기 및 세팅하기

1. 부대찌개햄 / 소시지를 깍둑깍둑 썰어 놓는다.
2. 대파는 동글동글하게 도톰하게 썰고, 양파는 깍둑 썰어 준비한다.
3. 부대탕 냄비에 준비한 재료를 담고, 사골 육수를 부어 끓인다.
4. 끓인 부대탕에 쑥갓과 대파 / 치즈를 올려 제공한다.

■ 고수의 노하우 포인트
- 술 안주용 부대탕은 걸쭉한 느낌의 사골 육수를 선택한다.
- 얼큰한 맛을 추가하고 싶을 때는 태국고추를 5개 정도 넣는다.

비법 전수 35

번데기탕

번데기탕 육수 배합비

재료(약 10회 제공량)	중량	원가 산출
다시마 멸치 육수	4kg	
간장	20g	
조미료	3g	
굴소스	10g	

번데기탕 세팅 재료 및 중량

재료(1회 제공량)	중량	원가 산출
번데기캔	1통	
다진 마늘	5g	
청양고추	5g	
홍고추	3g	
양파	10g	
소주	5g	
번데기탕 육수	400g	
실파	10g	
고춧가루	5g	

● **번데기탕 육수 배합하기**

1. 다시마 멸치 육수(다시마 멸치 육수 만드는 법은 177페이지 참조)에 간장 / 조미료 / 굴소스를 넣고 한 번 끓여 놓는다.

● **번데기탕 만들기 및 세팅하기**

1. 뚝배기 또는 냄비에 번데기와 통조림 국물을 모두 넣는다.
2. 청양고추 / 홍고추는 송송 썰고, 실파도 송송 썰어 놓는다.
3. 양파는 작은 깍두기 모양으로 썰어 놓는다.
4. 뚝배기 또는 냄비에 담은 번데기에 소주를 5g 정도 붓고, 양파와 갈은 마늘을 넣고 바글바글 끓인다.
5. 끓고 있는 번데기탕에 썰어 놓은 청양고추 / 홍고추 / 실파를 넣어 제공한다.

■ **고수의 노하우 포인트**
• 번데기탕에 청양고춧가루 굵은 것을 조금 더 첨가하면 칼칼한 맛을 느낄 수 있다.

홍합탕

홍합탕 육수 배합비

재료(약 10회 제공량)	중량	원가 산출
다시마 멸치 육수	8kg	
해물 엑기스	20g	
소금	3g	

홍합탕 세팅 재료 및 중량

재료(1회 제공량)	중량	원가 산출
홍합	300g	
청양고추	15g	
홍고추	5g	
보리새우	10g	
홍합탕 육수	800g	
대파	10g	

● **홍합탕 육수 배합하기**

1. 다시마 멸치 육수(다시마 멸치 육수 만드는 법은 177페이지 참조)에 해물 엑기스 / 소금을 넣고 한 번 끓여 놓는다.

● **홍합탕 만들기 및 세팅하기**

1. 홍합은 소금물에 깨끗이 씻어 채반에 건져 놓는다.
2. 홍합 육수에 보리새우를 넣고 한 번 끓인다.
3. 대파는 5cm 길이로 썰고, 청양·홍고추는 송송 썰어 놓는다.
4. 보리새우를 넣고 끓인 육수에 홍합을 넣고 끓인다.
5. 홍합이 벌어지면 청양·홍고추 / 실파를 넣고 제공한다.

■ **고수의 노하우 포인트**
• 홍합탕에 추가로 메추리알 삶은 것 또는 달걀 삶을 것을 서비스로 제공한다.

 # 고추장참치찌개

고추장참치찌개 양념 배합비

재료(약 10회 제공량)	중량	원가 산출
고춧가루	150g	
매운 고춧가루	60g	
다진 마늘	120g	
다진 생강	10g	
굴소스	80g	
간장	50g	
후춧가루	2g	
고추장	200g	
요리당	120g	
소고기 분말	10g	
꽃소금	10g	
조미료	5g	
생수	100g	

고추장참치찌개 세팅 재료 및 중량

재료(1회 제공량)	중량	원가 산출
참치캔	1통	
감자	80g	
양파	60g	
대파	30g	
호박	50g	
갈은 마늘	20g	
청·홍고추	10g	
생수 또는 사골 육수	450g	
두부	60g	

● **고추장참치찌개 양념 배합하기**

1. 생수에 고춧가루 두 종류를 넣고 불린다.
2. 불린 생수에 고추장과 나머지 양념을 넣고 골고루 배합시킨다.
3. 배합된 양념은 24시간 냉장 숙성 후 사용한다.

● **고추장참치찌개 만들기 및 세팅하기**

1. 참치캔은 뚜껑을 열고 참치기름을 체에 받쳐 놓는다.
2. 냄비에 사골 육수(사골 육수 만드는 법은 175페이지 참조) 또는 물을 붓고 끓이다가, 숙성된 양념을 풀어 넣는다.
3. 감자 / 양파 / 호박은 깍둑깍둑 썰기를 한다.
4. 대파는 두툼하고 동글동글하게 썰고, 청·홍고추도 동글하고 두툼하게 썰어 놓는다.
5. 풀어 놓은 양념이 끓으면 감자를 먼저 넣는다.
6. 감자가 반쯤 익으면, 양파 / 참치 / 호박 / 갈은 마늘을 넣고 끓인다.
7. 청·홍고추 / 두부 / 대파를 올려 한 번 더 끓여 마무리한다.

■ **고수의 노하우 포인트**
- 감자가 많이 들어가면 걸쭉한 느낌의 소주 안주 메뉴가 될 수 있다.

가쯔오치즈달걀말이

가쯔오치즈달걀말이 양념 배합비

재료(약 10회 제공량)	중량	원가 산출
달걀	80개	
가쯔오 엑기스	10g	
맛소금	5g	
생크림	20g	

가쯔오치즈달걀말이 세팅 재료 및 중량

재료(1회 제공량)	중량	원가 산출
달걀물	450g	
모짜렐라 치즈	100g	
슬라이스 치즈	2장	
가쯔오부시	10g	
실파	20g	
케첩	20g	
머스터드	20g	
홍피망	50g	
식용유	20g	

● 가쯔오치즈달걀말이 양념 배합하기

1. 달걀을 깨서 거품기로 풀어 놓는다.
2. 풀어 놓은 달걀에 생크림을 섞고, 재료 분량의 가쯔오 엑기스와 맛소금을 넣어 젓는다.
3. 섞인 달걀물을 밀폐 용기에 담아 냉장 보관하고 약 1시간이 지난 다음 사용하며, 사용할 때는 저어서 사용한다.

● 가쯔오치즈달걀말이 만들기 및 세팅하기

1. 실파는 송송 썰어 놓는다.
2. 홍피망은 반을 갈라 씨를 제거하고 입자있게 다져 놓는다.
3. 달걀물에 실파와 홍피망을 섞는다.
4. 팬에 식용유를 두르고, 따끈하게 달군 후 달걀물을 넣어 가면서 익힌다.
5. 익혀지는 달걀말이에 모짜렐라 치즈를 넣고 네모지게 말아간다.
6. 뜨거울 때 슬라이스 치즈를 올리고, 가쯔오부시를 올린 후 케첩과 머스터드를 지그재그로 뿌려 제공한다.

■ **고수의 노하우 포인트**
• 모짜렐라 치즈 대신 다양한 치즈를 갈아서 토핑으로 사용할 수 있다.

돼지고기목살김치찌개

돼지고기목살김치찌개 양념 배합비

재료(약 10회 제공량)	중량	원가 산출
굵은 고춧가루	150g	
소고기 분말	20g	
조미료	10g	
후춧가루	1g	
다진 생강	30g	
다진 마늘	60g	
갈은 양파	30g	
소주	50g	
사골 육수	300g	
굴소스	30g	
설탕	20g	
고추장	50g	

돼지고기목살김치찌개 세팅 재료 및 중량

재료(1회 제공량)	중량	원가 산출
숙성 김치	150g	
돼지고기 목살	200g	
대파	20g	
청·홍고추	10g	
사골 육수	600g	
다진 마늘	20g	
두부	40g	
양파채	30g	
굵은 떡	30g	
식용유	5g	

● **돼지고기목살김치찌개 양념 배합하기**

1. 사골 육수(사골 육수 만드는 법은 175페이지 참조)에 고춧가루를 넣고 불려 놓는다.
2. 불린 고춧가루에 나머지 양념을 넣고 골고루 섞는다.
3. 섞인 양념을 24시간 냉장 숙성 후 사용한다.

● **돼지고기목살김치찌개 만들기 및 세팅하기**

1. 숙성 김치는 속을 털어 내고 약 3~4cm 길이로 썰어 놓는다.
2. 양파는 채를 썰고, 대파는 굵게 송송 썰어 놓는다.
3. 돼지고기도 굵직하게 듬성듬성 썰어 놓는다.
4. 청·홍고추는 송송 썰고, 두부는 도톰하고 네모지게 썰어 준비한다.
5. 냄비에 식용유를 두르고, 김치와 돼지고기 / 갈은 마늘 / 숙성 양념을 넣고 은근히 볶는다.
6. 사골 육수를 붓고 보글보글 충분히 끓인다.
7. 중간에 두부와 굵은 떡을 넣고 한소끔 끓인 후, 청·홍고추 / 대파를 올려 제공한다.

■ **고수의 노하우 포인트**
• 사골 육수를 사용하면 진하고 걸쭉한 안주용 찌개를 만들 수 있다.

왕조개야채찜

왕조개야채찜 육수 배합비

재료(약 10회 제공량)	중량	원가 산출
해물 육수	10kg	
조개 분말	50g	
맛소금	5g	

왕조개야채찜 세팅 재료 및 중량

재료(1회 제공량)	중량	원가 산출
키조개	1개	
홍합	100g	
대합	2개	
중합	3개	
동죽	100g	
가리비	8개	
낙지	1마리	
오징어	1마리	
삶은 달걀	2개	
삶은 콩나물	100g	
미나리	60g	
칼국수면	200g	
조개찜 육수	1kg	

● 왕조개야채찜 육수 배합하기

1. 해물 육수(해물 육수 만드는 법은 176페이지 참조)에 조개 분말과 맛소금을 넣고 한소끔 끓여 놓는다.

● 왕조개야채찜 만들기 및 세팅하기

1. 조개는 솔로 깨끗이 문질러 닦는다.
2. 낙지는 굵은 소금과 밀가루를 넣고 조물조물 주물러 깨끗이 씻어 놓는다.
3. 오징어는 내장만 빼 놓고 통째로 씻어 놓는다.
4. 콩나물은 삶아서 찬물에 열기를 식혀 체에 받쳐 놓는다.
5. 미나리는 다듬어 씻고 약 5~6cm 길이로 썰어 놓는다.
6. 큰 찜통 밑에 조개찜 육수를 담고, 그 위에 조개와 낙지 / 오징어를 통째로 올린다.
7. 중간에 삶은 콩나물과 미나리를 올린다.
8. 약 10~15분 정도 조개찜을 한다.
9. 조개와 낙지 / 오징어 / 야채를 소스에 찍어 먹고, 조개 육수에 칼국수를 끓인다.
10. 조개야채찜에는 초고추장과 와사비 소스(초고추장 만드는 법은 179페이지, 와사비 소스 만드는 법은 181페이지 참조)를 제공한다.

■ 고수의 노하우 포인트
• 낙지 대신 컨셉에 따라 문어를 사용하기도 한다.

 # 왕꼬치구이

왕꼬치구이 양념 배합비

재료(약 50꼬치)	중량	원가 산출
생수	1.5kg	
진간장	350g	
소주	200g	
흰 설탕	200g	
통양파	250g	
대파 뿌리	20g	
편생강	60g	
건고추	5g	
통후추	3g	
소고기 엑기스	30g	
검은 물엿	300g	
조미료	10g	

왕꼬치구이 세팅 재료 및 중량

재료(1회 제공량)	중량	원가 산출
닭가슴살	100g	
양파	60g	
삶은 옥수수	100g	
대파	60g	
파프리카	40g	
단호박	80g	
생강즙	10g	
정종	10g	
버터	10g	

● 왕꼬치구이 양념 배합하기

1. 생수에 검은 물엿과 소고기 엑기스 / 통양파 / 편생강 / 건고추 등 모든 재료를 넣고 끓인다.
2. 센불로 끓이다가 중간쯤 불을 줄이고 약하게 은근히 졸인다.
3. 꼬치구이 양념이 졸여지면 불을 끈다.
4. 끓인 양념을 체에 걸러 식히고, 냉장 보관 후 사용한다.

● 왕꼬치구이 만들기 및 세팅하기

1. 닭가슴살은 큼직하게 썰어서 생강즙 / 정종에 버무려 놓는다.
2. 대파는 4cm 정도의 길이로 썰고, 삶은 옥수수는 동그랗게 썰어 놓는다.
3. 파프리카도 대파 길이로 썰고, 단호박도 맞추어 썰어 놓는다.
4. 꼬치에 닭가슴살 / 파프리카 / 대파 / 옥수수 / 단호박 재료를 차례로 꽂아 놓는다.
5. 꽂아진 꼬치에 버터를 살짝 발라 불에 한 번 굽는다.
6. 구운 꼬치에 숙성된 양념을 발라 가면서 은근히 굽는다.
7. 중간 중간에 양념을 발라 가며 구운 후 제공한다.

■ 고수의 노하우 포인트
• 왕꼬치구이 재료는 다양하게 응용할 수 있다. (파인애플 / 알감자 / 고구마 등등)

화산달걀탕

화산달걀탕 배합비		
재료(약 10회 제공량)	중량	원가 산출
달걀	1.5kg	
다시마 멸치 육수	1.5kg	
맛소금	20g	

화산달걀탕 세팅 재료 및 중량		
재료(1회 제공량)	중량	원가 산출
달걀물	370g	
실파	10g	
청·홍고추	5g	
다시마 멸치 육수	100g	

● **화산달걀탕 배합하기**

1. 달걀을 풀어서 다시마 멸치 육수(다시마 멸치 육수 만드는 법은 177페이지 참조)와 섞은 후, 맛소금을 넣고 믹서기에 갈아 준비한다.
2. 냉장고에 달걀물을 보관 후 사용한다.

● **화산달걀탕 만들기 및 세팅하기**

1. 실파 / 청·홍고추는 송송 썰어 놓는다.
2. 뚝배기는 달걀물보다 작은 것을 준비한다.
3. 달걀물에 실파를 넣고 섞는다.
4. 뚝배기에 다시마 멸치 육수를 넣고 끓인다.
5. 육수가 끓고 있을 때, 달걀물을 서서히 부어 가며 젓는다.
6. 불을 아주 약하게 줄인다.
7. 뚜껑을 얇은 것으로 살짝 덮어 놓는다.
8. 달걀찜이 익으면, 실파 / 청·홍고추를 올려 제공한다.

■ **고수의 노하우 포인트**
- 뚝배기가 달걀물보다 작아야 화산달걀탕의 느낌을 만들 수 있다.

 불닭발볶음

불닭발볶음 양념 배합비

재료(약 10회 제공량)	중량	원가 산출
고추장	300g	
갈은 생강	50g	
갈은 마늘	200g	
소주	120g	
청양고춧가루	150g	
생수	1kg	
조미료	10g	
요리당	100g	
매운맛 소스	3g	
굴소스	100g	
갈은 키위	50g	
소고기 엑기스	50g	
설탕	20g	
간장	50g	
갈은 양파	50g	
건고추	20g	

불닭발볶음 세팅 재료 및 중량

재료(1회 제공량)	중량	원가 산출
삶은 닭발	300g	
양파	60g	
청·홍고추	10g	
생강즙	5g	
소주	10g	
갈은 마늘	10g	
통깨	5g	
실파	20g	
고추기름	10g	
태국고추	10g	
참기름	5g	

● **불닭발볶음 양념 배합하기**
1. 생수에 건고추를 넣고 불린 후 믹서기에 갈아 놓는다.
2. 갈아 놓은 고춧물에 고춧가루와 설탕 / 요리당을 넣고 배합시킨다.
3. 배합된 양념에 나머지 양념을 넣고 골고루 섞은 후, 24시간 냉장 숙성 후 사용한다.

● **닭발 손질하기**
1. 닭발은 껍질과 손톱을 제거하고, 밀가루와 굵은 소금을 넣고 조물조물 주물러 깨끗이 씻는다.
2. 냄비에 닭발을 담고 물을 자작하게 넣는다.
3. 끓는 물에 닭발을 한 번 삶고 끓인 물은 따라 버린다.
4. 다시 물에 된장과 편생강 / 통후추 / 월계수잎 / 통마늘 / 통생강을 넣고 끓인 후, 데친 닭발을 넣고 소주를 붓고 약 20~30분 정도 삶는다.
5. 닭발이 익으면, 건져 채반에 받쳐 놓는다.

● **불닭발볶음 만들기 및 세팅하기**
1. 양파는 굵게 채를 썰어 놓고, 청·홍고추는 어슷어슷하게 썰고, 실파는 송송 썰어 놓는다.
2. 팬에 고추기름을 두르고 재빠르게 태국고추를 볶다가, 닭발을 넣고 생강즙과 소주를 붓는다.
3. 숙성된 양념을 넣고 볶다가, 채 썬 양파를 넣고 볶는다.
4. 마지막에 참기름을 살짝 넣고 볶은 후 불을 끈다.
5. 접시에 담고, 청·홍고추 / 통깨 / 실파를 뿌려 제공한다.

■ **고수의 노하우 포인트**
• 매운맛을 더 강조하고 싶으면 태국고추를 굵게 다져 볶아서 사용한다.

해물파전

해물파전 반죽 배합비		
재료(약 10회 제공량)	중량	원가 산출
찹쌀가루	200g	
밀가루	500g	
녹말가루	100g	
소고기 분말	10g	
연유	100g	
맛소금	10g	
해물 육수	1.6kg	

해물파전 세팅 재료 및 중량		
재료(1회 제공량)	중량	원가 산출
밀가루 반죽	200g	
실파	100g	
오징어	60g	
조갯살	20g	
깐 새우	30g	
굴	30g	
홍합	40g	
달걀	1개	
식용유	15g	
청·홍고추	20g	

● **해물파전 반죽 배합하기**

1. 찹쌀가루와 밀가루 / 녹말가루 / 맛소금을 섞어 체에 한 번 골고루 내린다.
2. 체에 내린 혼합 밀가루에 소고기 분말과 연유를 넣고, 해물 육수(해물 육수 만드는 법은 176페이지 참조)를 서서히 붓는다.
3. 거품기로 뭉치지 않게 골고루 잘 저어 놓는다.

● **해물파전 만들기 및 세팅하기**

1. 실파는 깨끗이 씻어 끝부분을 다듬어 놓는다.
2. 오징어는 씻어 5cm 길이로 썰고, 깐 새우 / 굴 / 홍합은 소금물에 흔들어 씻어 놓는다.
3. 청·홍고추는 어슷어슷 썰어 놓는다.
4. 팬에 식용유를 두르고, 따끈해 지면 밀가루 반죽물을 얇게 펴 놓는다.
5. 실파를 반죽물에 가지런히 펼쳐 주고, 해물을 올려 놓는다.
6. 다시 밀가루 반죽물을 얇게 올려 주고, 달걀을 풀어 올리고, 청·홍고추도 올린다.
7. 70% 정도 파전이 익으면 뒤집는다.
8. 다시 뒤집어 익힌 뒤 뜨거운 철판에 담아 제공한다.

■ **고수의 노하우 포인트**
• 오징어는 껍질째 사용하면 식감이 좋다.

 모둠야채샐러드소스

모둠야채샐러드 소스 배합비		
재료	중량	원가 산출
식용유	100g	
당근	70g	
사과	120g	
갈은 마늘	50g	
식초	170g	
양파	100g	
케챱	250g	
흰 설탕	200g	
소금	20g	
칠리소스	80g	

● **모둠야채샐러드 소스 배합하기 및 만들기**

1. 당근과 사과를 곱게 갈아 놓는다.
2. 양파와 마늘도 갈아 준비한다.
3. 믹서기에 식용유와 갈아 놓은 당근 / 사과 / 양파 / 마늘을 넣고 식용유가 골고루 섞이도록 믹서기로 충분히 섞어 준다.
4. 3번에 케첩 / 흰 설탕 / 소금을 넣고 배합시켜 사용한다.

■ **고수의 노하우 포인트**
- 신선한 맛을 느낄 수 있는 소스이다.
- 다양한 모둠 야채에 사용할 수 있다.

비법 전수 46

 쌈무초절임

쌈무초절임 배합비		
재료	중량	원가 산출
생무	2kg	
소금	20g	
설탕	250g	
식초	200g	
생수	1.7kg	
와사비 가루	50g	

● 쌈무초절임 배합하기 및 만들기

1. 쌈무는 얇게 2mm 두께로 편으로 썰어 놓는다.
2. 생수에 설탕을 녹인다.
3. 녹인 설탕물에 와사비 가루를 섞는다.
4. 섞인 와사비물에 식초와 소금을 넣어 배합시킨다.
5. 배합된 물에 무를 넣는다.
6. 하루에 한 번씩 뒤집어 놓는다.
7. 냉장 보관 후 3일 후부터 사용할 수 있다.

■ 고수의 노하우 포인트
• 쌈무는 와사비 외에도 식재료에 따라 다양한 색을 만들 수 있다.

면비빔 소스

면비빔 소스 배합비		
재료	중량	원가 산출
매콤한 고운 고춧가루	200g	
조미료	10g	
설탕	270g	
꽃소금	50g	
요리당	200g	
갈은 마늘	100g	
발효 겨자	60g	
사이다	300g	
소고기 육수	500g	
양파	100g	
2배 식초	200g	
고추장	150g	
매실액	60g	
소주	60g	
갈은 생강즙	10g	

● **면비빔 소스 배합하기 및 만들기**

1. 식힌 소고기 육수(소고기 육수 만드는 법은 175페이지 참조)에 고운 고춧가루를 넣고 불려 놓는다.
2. 불린 고춧가루에 설탕 / 요리당을 넣고 골고루 섞는다.
3. 양파는 믹서기에 넣어 곱게 갈아 놓는다.
4. 2번 양념에 갈아 놓은 양파를 섞어 놓는다.
5. 섞여진 소스에 나머지 양념 재료를 넣고 배합시킨 후 밀폐 용기에 담아 48시간 냉장 숙성시켜 사용한다.

■ **고수의 노하우 포인트**
• 비빔 소스는 다양한 면류의 비빔 소스로 사용할 수 있다.

 약고추장

약고추장 배합비

재료	중량	원가 산출
고추장	500g	
매실액	100g	
갈은 마늘	30g	
갈은 소고기	200g	
대파	20g	
설탕	20g	
후춧가루	1g	
양파	50g	
소고기 육수	100g	
참기름	10g	
식용유	10g	
통깨	10g	
정종	20g	

● **약고추장 배합하기 및 만들기**

1. 양파는 곱게 다지고, 대파도 곱게 다져 준비한다.
2. 갈은 소고기에 양파와 대파 / 갈은 마늘 / 설탕 / 후춧가루 / 정종을 넣어 섞는다.
3. 팬에 식용유를 두르고 소고기를 볶는다.
4. 볶는 중간에 고추장을 넣고, 매실액 / 소고기 육수(소고기 육수 만드는 법은 175페이지 참조)를 넣고 볶는다.
5. 은근히 불을 낮추고, 볶아지고 있는 약고추장에 참기름을 넣고 한 번 더 볶아 놓는다.
6. 불을 끄고, 통깨를 섞는다.

■ **고수의 노하우 포인트**
• 약고추장은 볶아서 식으면 되직해 지기 때문에 볶을 때 약간 묽게 볶는 것이 좋다.

 꽃게양념게장 소스

꽃게양념게장 소스 배합비		
재료	중량	원가 산출
청양고춧가루	50g	
굵은 고춧가루	50g	
요리당	150g	
조미료	10g	
갈은 마늘	100g	
갈은 생강즙	40g	
소주	100g	
매실액	100g	
고추장	300g	
설탕	50g	
흰 물엿	300g	
생수	100g	
소금	10g	

● **꽃게양념게장 소스 배합하기 및 만들기**

1. 생수에 고춧가루를 불려 놓는다.
2. 불린 고춧가루에 흰 물엿과 고추장을 골고루 섞는다.
3. 섞인 고추장에 매실액과 나머지 양념 재료를 넣고 배합시킨다.
4. 마지막에 소주를 넣고, 24시간 냉장 숙성한다.

■ 고수의 노하우 포인트
• 냉동 꽃게 무침에 사용할 수 있다.

비법 전수 50

 메밀국수 소스

메밀국수 소스 배합비

재료	중량	원가 산출
물	1.4kg	
다시마	10g	
다시멸치	10g	
편생강	5g	
가쯔오부시	25g	
간장	150g	
설탕	45g	
정종	50g	
식초	20g	
무	1kg	

● 메밀국수 소스 배합하기 및 만들기

1. 다시멸치는 머리와 내장을 제거하고 냄비에 편생강 한쪽을 넣어 살짝 볶아 놓는다.
2. 다시마는 젖은 행주로 하얀 염분을 닦아 놓는다.
3. 볶은 멸치에 물을 붓고 다시마를 넣어 끓인다.
4. 물이 끓으면, 다시마와 다시멸치 / 생강 / 무는 건져 낸다.
5. 건져 낸 육수에 가쯔오부시 가루를 넣고 가만히 가라 앉힌다.
6. 소창을 이용하여 육수를 다시 걸러 낸다.
7. 걸러진 육수에 간장 / 설탕 / 정종을 넣고 끓인다.
8. 메밀국수 소스는 차갑게 식힌 후 분량의 식초를 넣고 냉장 보관 후 사용한다.

■ 고수의 노하우 포인트
• 메밀국수 소스를 만들 때 다시마와 다시멸치는 오래 끓이지 않는다.

# 강된장

강된장 배합비		
재료	중량	원가 산출
콩된장	400g	
재래된장	200g	
양파	150g	
다시마 멸치 육수	600g	
조미료	5g	
흰 물엿	5g	
갈은 마늘	20g	
굵은 고춧가루	10g	
연유	20g	
마요네즈	30g	
식용유	5g	

● **강된장 배합하기 및 만들기**

1. 양파는 곱게 다진다.
2. 재래된장과 콩된장을 섞어 놓는다.
3. 팬에 식용유를 두르고 양파를 은근히 볶는다.
4. 볶아지는 양파에 섞여진 된장을 넣고 다시마 멸치 육수(다시마 멸치 육수 만드는 법은 177페이지 참조)를 붓고 끓인다.
5. 끓고 있는 중간에 흰 물엿 / 고춧가루 / 갈은 마늘을 넣고 불을 낮추고 된장을 저어 가면서 끓인다.
6. 끓인 강된장이 식으면, 연유와 마요네즈를 넣고 골고루 배합시킨다.

■ **고수의 노하우 포인트**
- 강된장은 짠맛을 약하게 하고 한 번 더 끓여서 사용하므로 약간 묽게 만들어 놓는다.
- 재래된장과 콩된장을 섞어서 사용한다.

 떡볶이 소스

떡볶이 소스 배합비

재료	중량	원가 산출
고추장	400g	
흰 물엿	200g	
뉴슈가	3g	
고춧가루	100g	
설탕	100g	
소고기 분말	20g	
다시마 멸치 육수	400g	
조미료	10g	
후춧가루	1g	

● 떡볶이 소스 배합하기 및 만들기

1. 고추장에 고춧가루와 흰 물엿을 섞는다.
2. 섞인 고추장 1번 소스에 다시마 멸치 육수(다시마 멸치 육수 만드는 법은 177페이지 참조)를 붓고 거품기로 골고루 배합한다.
3. 배합된 양념에 뉴슈가와 조미료 / 소고기 분말 / 후춧가루를 넣는다.
4. 골고루 섞인 고추장 소스를 24시간 냉장 숙성 후 사용한다.

■ 고수의 노하우 포인트
• 곱고 매운 청양고춧가루 함량을 높이면 매운 떡볶이 소스가 된다.

 물회 소스

물회 소스 배합비		
재료	중량	원가 산출
소고기 육수	6kg	
소고기 분말	50g	
설탕	120g	
고추장	150g	
식초	150g	
소금	40g	
매실액	30g	
갈은 마늘	50g	

● 물회 소스 배합하기 및 만들기

1. 소고기 육수(소고기 육수 만드는 법은 175페이지 참조)에 소고기 분말 / 소금을 넣고 한 번 끓여서 식힌다.
2. 식힌 육수에 고추장 / 설탕 / 매실액을 넣고 골고루 섞는다.
3. 섞은 육수에 갈은 마늘을 넣고 다시 배합시킨다.
4. 냉장고에 차갑게 보관 후 사용한다.

■ 고수의 노하우 포인트
• 소고기 육수 대신 동치미 국물을 사용할 수 있으나, 동치미 육수(동치미 육수 만드는 법은 177페이지 참조)를 사용할 경우 소고기 분말과 동량의 물을 넣고 끓여서 섞는다.

 매운찜닭 소스

매운찜닭 소스 배합비

재료	중량	원가 산출
간장	300g	
고춧가루	200g	
매운맛 고춧가루	100g	
소고기 분말	10g	
설탕	50g	
소금	20g	
요리당	60g	
조미료	10g	
후춧가루	1g	
갈은 마늘	70g	
갈은 생강	30g	
소주	50g	
양파	150g	
파인애플	100g	
태국고추	20g	
굴소스	50g	
해선장	60g	
검은 물엿	150g	
캐러멜소스	2g	
생수	700g	

● 매운찜닭 소스 배합하기 및 만들기

1. 양파와 파인애플은 믹서기에 곱게 갈아 놓는다.
2. 태국고추는 물에 충분히 불려 놓는다.
3. 불린 태국고추를 믹서기에 갈아 놓는다.
4. 생수에 고춧가루를 풀어서 불린 후 간장을 첨가한다.
5. 고춧가루 불린 양념에 갈은 태국고추 / 양파 / 갈은 파인애플을 넣고 충분히 배합시킨다.
6. 배합된 소스에 나머지 양념을 넣고 다시 골고루 섞는다.
7. 섞여진 소스는 24시간 냉장 숙성 후 사용한다.

■ 고수의 노하우 포인트
• 매운 소스를 오래 사용하려면 한 번 끓여서 식힌 후 사용한다.

일본식 튀김간장 소스

일본식 튀김간장 소스 배합비		
재료	중량	원가 산출
다시마	5g	
다시멸치	15g	
가쯔오부시	20g	
생수	1kg	
설탕	60g	
정종	80g	
간장	120g	
무	200g	

● **일본식 튀김간장 소스 배합하기 및 만들기**

1. 다시마는 젖은 행주로 염분을 깨끗이 닦아 준비한다.
2. 다시멸치는 머리와 내장을 제거한다.
3. 냄비에 멸치를 살짝 볶는다.
4. 볶은 멸치에 생수를 붓고, 다시마 / 무를 넣고 끓인다.
5. 끓인 육수에 불을 끄고 다시마 / 무 / 멸치를 건져 내고, 가쯔오부시를 넣고 10분 정도 가라앉힌다.
6. 소창을 이용하여 육수를 걸러 낸다.
7. 걸러진 육수에 간장 / 설탕을 넣고 한소끔 끓인다.
8. 끓고 있는 육수에 정종을 붓고 불을 끈다.
9. 냉장 보관 후 사용한다.

■ **고수의 노하우 포인트**
• 정종 대신 맛술을 사용할 수 있다.

 # 백김치

백김치 양념 배합비		
재료	중량	원가 산출
무	200g	
배	100g	
요구르트	50g	
양파	50g	
찹쌀가루	20g	
새우젓	40g	
까나리액젓	20g	
감미료	10g	
갈은 마늘	20g	
밤	30g	
대추	30g	
미나리	20g	
갈은 생강	5g	
당근	30g	
절인 배추	2통	

● **백김치 양념 배합하기 및 만들기**

1. 찹쌀가루 20g에 물 80g을 넣고 은근히 저어 풀을 쑤어 식힌다.
2. 무와 당근은 채를 가늘게 썰고, 배도 채를 썰어 놓는다.
3. 양파는 강판에 갈아 즙을 만들어 준비한다.
4. 새우젓은 국물과 함께 갈아 놓는다.
5. 대추는 씨를 제거하고 돌려 깎아 채를 썰고, 밤은 납작납작하게 편으로 썰어 놓는다.
6. 무채에 찹쌀풀과 요구르트, 갈은 새우젓 / 까나리액젓을 넣고 버무린다.
7. 버무린 무채에 나머지 양념을 넣고 골고루 버무린 후 미나리 / 밤 / 대추채를 넣고 다시 버무린다. 절인 배추에 버무린 무채를 넣어 배추 속을 채우고, 통에 담는다.

■ **고수의 노하우 포인트**
• 요구르트를 사용하면 유산균을 빨리 만들 수 있으나, 많이 사용하면 백김치가 빨리 물러지고 숙성이 빨라진다.

동치미물김치

동치미물김치 양념 배합비		
재료	중량	원가 산출
무	1.5kg	
뉴슈가	30g	
천일염	100g	
양파	70g	
배	15g	
통마늘	60g	
미나리	20g	
새우액젓	10g	
조미료	2g	
설탕	40g	
찹쌀풀	100g	
사이다	350g	
물	6kg	

● **동치미물김치 양념 배합하기 및 만들기**

1. 무는 5cm 길이로 썰어 놓는다.
2. 배는 큼직하게 잘라 놓고, 미나리는 5cm 길이로 썰어 놓는다.
3. 물에 천일염을 풀어 한 번 끓여서 식혀 놓는다.
4. 식힌 소금물에 썰어 놓은 무 / 미나리 / 배 / 양파 / 통마늘을 큼직하게 넣는다.
5. 나머지 양념과 사이다를 넣고 골고루 섞는다.
6. 섞은 동치미를 상온에서 약 2일 정도 숙성 후 냉장고에 차갑게 보관한다.

■ **고수의 노하우 포인트**
• 동치미 숙성은 계절에 따라 온도의 변화가 있으므로 주의하고, 상온에서 톡톡 쏘는 현상이 생기면 그때부터 냉장 보관한다.

비법 전수 58

 겉절이 양념

겉절이 양념 배합비		
재료	중량	원가 산출
건고추	10g	
고춧가루 매운맛	20g	
일반 고춧가루	80g	
설탕	30g	
갈은 마늘	35g	
까나리액젓	30g	
조미료	10g	
찹쌀풀	60g	
소금	10g	
갈은 생강	5g	
양파즙	20g	
새우젓	50g	

● 겉절이 양념 배합하기 및 만들기

1. 찹쌀풀은 아주 연하게 쑤어 식혀 놓는다.
2. 건고추는 물에 충분히 불려서 갈아 놓는다.
3. 찹쌀풀에 갈은 건고추와 고춧가루를 넣고 배합시킨다.
4. 배합된 고춧가루에 나머지 양념을 넣는다.
5. 새우젓을 새우와 함께 갈아서 사용하고, 양파는 갈아서 즙을 사용한다.

■ 고수의 노하우 포인트
• 여름철에는 홍고추를 갈아서 사용하면 식감을 한층 더 느낄 수 있다.

 # 석박지

석박지 양념 배합비		
재료	중량	원가 산출
무	1kg	
뉴슈가	5g	
소금	20g	
고춧가루	25g	
새우젓	20g	
갈은 마늘	15g	
설탕	3g	
조미료	10g	
실파	25g	
찹쌀풀	30g	

● 석박지 양념 배합하기 및 만들기

1. 무는 깨끗이 씻어 6cm 길이로 길쭉길쭉하게 썰어 소금과 뉴슈가에 골고루 섞어 약 40분 정도 절인다.
2. 절인 무를 채반에 받쳐 무에서 나오는 물을 받아 놓는다.
3. 절여진 무에서 나온 물에 고춧가루를 넣고 골고루 섞어 불린다.
4. 새우젓을 곱게 갈아 놓는다.
5. 불린 고춧가루에 갈은 새우젓 / 설탕 / 조미료 / 찹쌀풀을 넣어 섞는다.
6. 절여진 무에 5번 양념을 넣어 버무리고, 실파를 넣는다.
7. 상온에 약 2일 정도 두고, 냉장고에서 숙성시킨다.

■ 고수의 노하우 포인트
• 석박지는 국물이 다소 많은 것이 쓰임새가 많다.
• 무를 큼직하게 썰기 때문에 숙성 기간이 길다.

 여름배추김치

여름배추김치 양념 배합비		
재료	중량	원가 산출
무	100g	
새우젓	35g	
갈은 마늘	20g	
갈은 생강	10g	
조미료	5g	
소금	6g	
찹쌀풀	30g	
까나리액젓	20g	
고춧가루	50g	
설탕	5g	
실파	20g	
당근	20g	
미나리	10g	
양파	20g	
절인 배추	1통	

● 여름배추김치 양념 배합하기 및 만들기

1. 무는 채를 썰어 놓는다.
2. 양파 / 새우젓을 믹서기에 곱게 갈아 놓는다.
3. 당근도 채를 썰고, 미나리 / 실파는 5cm 길이로 썰어 놓는다.
4. 찹쌀풀은 연하게 쑤어 놓는다.
5. 무채와 당근채에 고춧가루를 넣고 골고루 버무려 색을 들인다.
6. 색을 들인 무채에 갈은 새우젓 / 까나리액젓을 섞는다.
7. 버무린 무채에 갈은 마늘 / 갈은 양파 / 갈은 생강 / 설탕 / 조미료를 넣어 골고루 버무린다.
8. 버무린 무채를 절인 배추 속 사이사이에 넣고 배추김치를 담근다.

■ 고수의 노하우 포인트
• 겨울철 김장 김치는 멸치젓과 지방마다 특색이 있는 젓갈을 더 많이 섞어서 사용한다.

무화과요구르트 소스

무화과요구르트 소스 배합비		
재료	중량	원가 산출
올리브기름	30g	
양파	150g	
월계수잎	2장	
요구르트	150g	
갈은 마늘	50g	
계피가루	2g	
고춧가루	30g	
와인	50g	
레몬즙	3g	
무화과잼	150g	
황설탕	20g	
생수	50g	

● **무화과요구르트 소스 배합하기 및 만들기**

1. 양파는 곱게 다져 준비한다.
2. 팬에 올리브기름을 두르고, 양파와 다진 마늘을 넣고 은근히 볶는다.
3. 볶아진 양파에 생수를 붓고, 월계수잎 / 와인 / 황설탕 / 무화과 잼을 넣고 끓인다.
4. 끓인 소스에서 월계수잎을 건져 내고 식힌 후, 고춧가루 / 계피 / 레몬즙 / 요구르트를 넣고 배합시킨다.
5. 배합된 소스를 밀폐 용기에 담아 사용한다.

■ 고수의 노하우 포인트
• 야채샐러드나 고기구이에 잘 어울린다.

비법 전수 62

 볶음용 고추장

볶음용 고추장 배합비		
재료	중량	원가 산출
고추장	150g	
고춧가루	70g	
맛술	70g	
된장	30g	
설탕	70g	
물엿	50g	
갈은 마늘	50g	
갈은 생강	10g	
후춧가루	1g	
소고기 육수	100g	
조미료	5g	
소고기 엑기스	10g	
간장	20g	

● **볶음용 고추장 배합하기 및 만들기**

1. 고추장과 고춧가루를 섞어 배합시킨다.
2. 배합된 1번 고추장에 소고기 육수(소고기 육수 만드는 법은 175페이지 참조)와 간장을 넣고 섞는다.
3. 섞여진 양념에 갈은 마늘 / 갈은 생강을 넣는다.
4. 양념을 골고루 섞은 후 나머지 양념을 넣고 거품기로 섞는다.
5. 섞여진 양념을 밀폐 용기에 담아 24시간 냉장 숙성 후 사용한다.

■ **고수의 노하우 포인트**
• 여러 가지 볶음용으로 다양하게 사용할 수 있다.(제육볶음 / 낙지볶음 / 오징어볶음 등등)

 구이류 고추장 소스

구이류 고추장 소스 배합비		
재료	중량	원가 산출
고추장	200g	
고춧가루	20g	
물엿	80g	
생수	100g	
간장	50g	
갈은 마늘	50g	
설탕	50g	
조미료	3g	
다진 파	50g	
통깨	5g	
매실액	30g	
참기름	20g	

● 구이류 고추장 소스 배합하기 및 만들기

1. 고추장과 고춧가루를 생수에 섞는다.
2. 섞은 고추장과 고춧가루에 매실액과 물엿을 넣고 골고루 배합시킨다.
3. 배합된 양념에 나머지 양념을 넣고 거품기로 충분히 섞는다.
4. 섞여진 양념을 밀폐 용기에 담아 보관 후 사용한다.
5. 더덕구이 / 도라지구이 / 오징어구이류 / 황태구이류 등에 사용한다.

■ 고수의 노하우 포인트
• 구이 소스에 식초를 첨가하면 더덕 / 도라지 무침에 사용할 수 있다.

비법 전수 64

 불고기 소스

불고기 소스 배합비

재료	중량	원가 산출
간장	150g	
설탕	60g	
배	100g	
다진 파	30g	
갈은 마늘	40g	
정종	50g	
후춧가루	2g	
생수	100g	
참기름	20g	
통깨	10g	
파인애플	20g	

● **불고기 소스 배합하기 및 만들기**

1. 배와 파인애플은 믹서기에 곱게 갈아 놓는다.
2. 간장과 생수를 섞는다.
3. 섞여진 간장에 설탕을 넣고 거품기로 저어 가면서 설탕을 충분히 녹인다.
4. 설탕을 녹인 간장에 갈은 배와 파인애플을 넣고 섞는다.
5. 배합된 양념에 나머지 양념을 넣고 6시간 숙성 후 불고기 양념장으로 사용한다.

■ **고수의 노하우 포인트**
• 다양한 불고기 소스가 있지만, 간단하게 불고기 소스를 만들 수 있는 배합비이다.

 # 철판두루치기 소스

철판두루치기 소스 배합비		
재료	중량	원가 산출
양파	200g	
고추장	200g	
매실액	100g	
소고기 엑기스	50g	
조미료	10g	
고춧가루	400g	
후춧가루	5g	
매운맛 고춧가루	50g	
파인애플	100g	
설탕	250g	
간장	250g	
요리당	160g	
소주	150g	
생강즙	30g	
갈은 마늘	200g	
생수	1.2kg	
굴소스	70g	
해선장	100g	

● 철판두루치기 소스 배합하기 및 만들기

1. 양파는 입자가 있게 다진다.
2. 파인애플을 믹서기에 곱게 갈아 놓는다.
3. 생수에 고춧가루와 고추장을 넣고 거품기로 저어 가면서 충분히 불린다.
4. 3번 양념에 나머지 양념을 넣고 골고루 섞는다.
5. 섞여진 양념 4번에 다진 양파를 넣는다.
6. 24시간 냉장 숙성 후 사용한다.

■ 고수의 노하우 포인트
• 다양한 두루치기에 사용하면 좋다.

비법 전수 66

 # 절임야채간장 소스

절임야채간장 소스 배합비		
재료	중량	원가 산출
간장	600g	
설탕	400g	
식초	400g	
소주	120g	
생수	600g	

● **절임야채간장 소스(고추지 / 무 / 깻잎) 배합하기 및 만들기**

1. 간장에 설탕을 넣고 거품기로 충분히 저어 설탕을 녹인다.
2. 녹인 간장물에 식초 / 생수 / 소주를 넣어 섞는다.
3. 고추 / 무 / 깻잎에 붓고 절인다.

■ 고수의 노하우 포인트
- 소주가 들어가면 별도로 양념을 끓이지 않고 사용할 수 있다.

닭계장 양념

닭계장 양념 배합비		
재료	중량	원가 산출
고춧가루	200g	
매운 고춧가루	60g	
후춧가루	4g	
갈은 마늘	80g	
갈은 생강	20g	
소주	100g	
생수	400g	
닭고기 분말	35g	
치킨 엑기스	50g	
식용유	30g	

● **닭계장 양념 배합하기 및 만들기**

1. 식용유와 고춧가루 / 매운 고춧가루를 섞는다.
2. 섞여진 고춧가루를 두꺼운 팬에서 은근히 볶는다.
3. 중간에 갈은 마늘 / 갈은 생강을 넣는다.
4. 은근히 볶다가 생수 / 닭고기 분말 / 치킨 엑기스 / 소주를 넣고 다시 볶는다.
5. 볶은 양념을 충분히 식혀 밀폐 용기에 담아 보관 후 사용한다.
6. 닭계장을 만들 때 양념으로 사용한다.

■ **고수의 노하우 포인트**
• 양념을 볶아서 만들면 별도의 고추기름을 사용하지 않고 맛을 낼 수 있다.

닭갈비 소스

닭갈비 소스 배합비		
재료	중량	원가 산출
매운 고운 고춧가루	100g	
고추장	400g	
갈은 생강	40g	
갈은 마늘	120g	
소주	50g	
후춧가루	2g	
양파	100g	
간장	100g	
조미료	15g	
요리당	150g	
볶은 소금	20g	
굵은 고춧가루	20g	
소고기 육수	300g	
소고기 분말가루	10g	
카레 분말	10g	
해선장	100g	

● **닭갈비 소스 배합하기 및 만들기**

1. 소고기 육수(소고기 육수 만드는 법은 175페이지 참조)에 고춧가루와 고추장을 불려 놓는다.
2. 양파는 믹서에 갈아서 준비한다.
3. 고춧가루를 불려 놓은 소스에 양파즙을 넣고 섞는다.
4. 섞여진 양념에 나머지 재료를 넣고 거품기로 골고루 섞어가며 배합시킨다.
5. 배합된 소스를 밀폐 용기에 담아 24시간 냉장 숙성 후 사용한다.

■ **고수의 노하우 포인트**
• 숙성된 양념은 닭갈비에 버무려 한 번 더 숙성 후 사용한다.

낙지해물무침 소스

낙지해물무침 소스 배합비		
재료	중량	원가 산출
고춧가루	80g	
고추장	100g	
갈은 마늘	35g	
갈은 생강즙	10g	
조미료	3g	
요리당	100g	
감미료	3g	
식초	100g	
소금	7g	
매실액	10g	
해물 육수	100g	
정종	30g	

● **낙지해물무침 소스 배합하기 및 만들기**

1. 식힌 해물 육수(해물 육수 만드는 법은 176페이지 참조)에 고춧가루를 넣고 불려 놓는다.
2. 불린 고춧가루에 갈은 마늘 / 생강즙을 넣고 배합시킨다.
3. 배합된 양념에 정종을 넣고 나머지 양념을 넣어 섞는다.
4. 골고루 섞여진 양념을 냉장고에서 12시간 숙성 후 사용한다.

■ **고수의 노하우 포인트**
- 소스는 2일 정도 숙성시키면 단맛과 신맛이 줄어든다.
- 무침을 할 때 식초를 약간 넣고 무친다.

비법 전수 70

 불고기데리야끼 소스

불고기데리야끼 소스 1차 배합비

재료	중량	원가 산출
물	1kg	
다시마	5g	
진간장	250g	
편생강	100g	
통마늘	50g	
통후추	5g	
정종	100g	
물엿	50g	
요리당	200g	
물녹말	20g	

불고기데리야끼 소스 2차 배합비

재료	중량	원가 산출
갈은 마늘	20g	
통깨	5g	
참기름	5g	
후춧가루	1g	
흰 설탕	20g	

● **불고기데리야끼 소스 1차 배합하기 및 만들기**

1. 다시마는 젖은 행주로 염분을 닦아 놓는다.
2. 냄비에 물을 붓고, 다시마 / 편생강 / 통마늘 / 통후추 / 간장 / 물엿 / 요리당을 넣고 은근히 끓인다.
3. 끓고 있는 소스에 정종을 넣고 불을 낮추어 끓인다.
4. 끓인 소스를 체에 걸러 야채는 버리고 소스만 다시 끓이면서 물녹말을 넣어 저어 가면서 농도를 맞춘다.
5. 농도를 맞춘 소스는 불을 끄고 완전히 식힌다.

● **불고기데리야끼 소스 2차 배합하기 및 만들기**

1. 농도를 맞춘 데리야끼 소스에 설탕 / 갈은 마늘 / 후춧가루 / 통깨 / 참기름을 넣고 골고루 섞어 2차 배합을 한다.
2. 섞은 양념은 냉장 보관 후 사용한다.

■ **고수의 노하우 포인트**
- 양념에 물녹말을 넣고 끓일 때, 식으면 되직하게 변하므로 주의해서 사용한다.
- 불고기 데리야끼 햄버거에 사용할 수 있다.

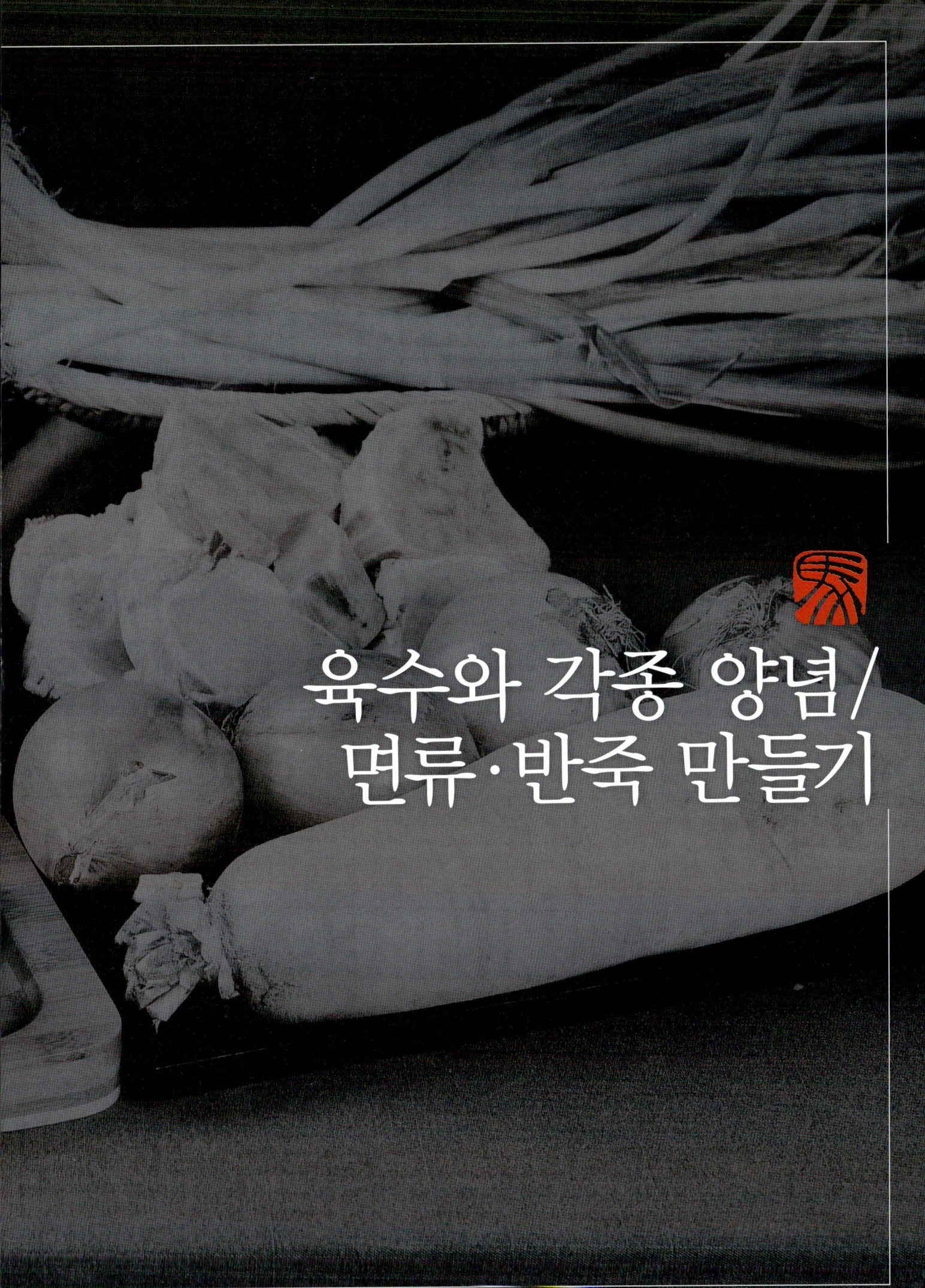

육수와 각종 양념/면류·반죽 만들기

닭 육수

닭 육수 재료 및 중량

재료	중량	원가 산출
닭발	2kg	
무	500g	
통마늘	200g	
통생강	80g	
통후추	5g	
월계수잎	5장	
소주	300g	
된장	100g	
통양파	300g	
대파 뿌리	20g	
물	50kg	

● 닭 육수 만드는 법

1. 닭발은 껍질과 발톱을 벗겨 밀가루를 넣고 조물조물 주물러 씻는다.
2. 씻은 닭발에 물을 자작하게 붓고, 된장 / 월계수잎을 넣고 약 30분 끓인다.
3. 끓고 있는 닭발에 소주를 100g 정도 붓는다.
4. 30분 후 닭발을 건져 찬물에 헹구어 건져 놓는다.
5. 물 50kg에 삶아 건진 닭발을 넣고, 통양파 / 통마늘 / 월계수잎 / 대파 뿌리 / 통생강 / 무 / 소주를 넣고 약 3시간 정도 불을 조절하면서 끓인다.
6. 센불(30분) / 중불(90분) / 약불(60분)의 순으로 끓인다.
7. 가끔 거품을 걷어 낸다.

돼지 육수

돼지 육수 재료 및 중량

재료	중량	원가 산출
돼지 도가니뼈	2kg	
돼지 잡뼈	2kg	
돼지 사골	2kg	
통양파	400g	
통무	700g	
통마늘	200g	
월계수잎	5장	
대파 뿌리	20g	
통후추	5g	
된장	200g	
통생강	120g	
물	60kg	

● 돼지 육수 만드는 법

1. 돼지 잡뼈와 사골 / 도가니뼈는 6시간 이상 물에 담가 건진다.
2. 사골과 돼지 잡뼈 / 돼지 도가니뼈에 물을 자작하게 담고, 월계수잎 2장 / 통후추 2g / 소주 / 된장 / 통생강 20g을 넣고, 센불에 약 1시간 정도 끓인다.
3. 끓인 돼지 사골 / 잡뼈 / 돼지 도가니뼈를 깨끗이 씻어 놓는다.
4. 육수통에 물을 담고, 돼지 사골 / 돼지 잡뼈 / 돼지 도가니뼈 / 통무 / 통양파 / 월계수잎 / 통후추 / 대파 뿌리 / 통생강 / 소주를 붓고 약 6시간 이상 불을 조절하면서 끓인다.
5. 중간중간에 떠오르는 기름은 걷어 낸다.
6. 불을 끄고, 바로 야채는 체로 건져 낸다.

사골 육수

사골 육수 재료 및 중량

재료	중량	원가 산출
사골	2kg	
소 잡뼈	2kg	
마구리뼈	1kg	
통양파	400g	
통무	700g	
통마늘	200g	
월계수잎	5장	
대파 뿌리	20g	
정종	300g	
통후추	5g	
물	50kg	

● 사골 육수 만드는 법

1. 소 잡뼈와 사골/마구리뼈는 6시간 이상 물에 담가 건진다.
2. 사골과 소 잡뼈/마구리뼈에 물을 자작하게 담고, 월계수잎 2장/통후추 2g/정종 100g을 붓고 약 1시간 정도 센불로 끓인다.
3. 끓인 사골/소 잡뼈/마구리뼈를 깨끗이 씻는다.
4. 육수통에 물을 담고, 사골/소 잡뼈/마구리뼈/통무/통양파/월계수잎/통후추/대파 뿌리/정종을 붓고 약 6시간 이상 불을 조절하면서 끓인다.
5. 중간중간에 떠오르는 기름은 걷어 낸다.
6. 불을 끄고, 바로 야채는 체로 건져 낸다.

소고기 육수

소고기 육수 재료 및 중량

재료	중량	원가 산출
양지	2kg	
소 잡뼈	2kg	
통양파	400g	
통무	700g	
통마늘	200g	
월계수잎	5장	
대파 뿌리	20g	
정종	300g	
통후추	5g	
물	50kg	

● 소고기 육수 만드는 법

1. 소 잡뼈는 6시간 이상 물에 담가 건진다.
2. 소 잡뼈와 물을 자작하게 담고, 월계수잎 2장/통후추 2g/정종 100g을 붓고 약 1시간 동안 센불로 끓인다.
3. 끓인 소 잡뼈를 깨끗이 씻는다.
4. 육수통에 물을 담고, 양지/소 잡뼈/통무/통양파/월계수잎/통후추/대파 뿌리/정종을 붓고 약 6시간 이상 끓인다.
5. 센불(1시간)/중불(4시간)/약불(1시간) 이상 끓인다.
6. 중간중간에 거품은 충분히 걷어 내고 육수를 끓이고, 바로 야채는 건져 낸다.
7. 양지는 1시간 20분만 삶아 건져 놓는다.

해물 육수

해물 육수 재료 및 중량

재료	중량	원가 산출
마른 홍합	100g	
다시마	20g	
꽃새우	100g	
다시 멸치	50g	
통양파	400g	
통마늘	200	
고추씨	10g	
무	500g	
물	50kg	

● 해물 육수 만드는 법

1. 무와 통양파는 껍질째 깨끗이 씻어 놓는다.
2. 육수통에 물을 50kg 담는다.
3. 50kg 담긴 물에 무와 통양파를 넣는다.
4. 3번에 다시 멸치 / 고추씨 / 통마늘 / 마른 홍합 / 다시마 / 꽃새우를 넣고 2시간 끓인다.
5. 센불(30분) / 중불(60분) / 약불(30분)의 순으로 끓인다.
6. 중간중간에 떠 오르는 거품은 걷어 낸다.
7. 육수 보자기 또는 삼베에 재료를 넣고 끓이면 깊은 맛이 약간 감소된다.

냉면 육수

냉면 육수 재료 및 중량

재료	중량	원가 산출
닭	1kg	
양지	2kg	
사태	1kg	
통무	1kg	
통마늘	200g	
월계수잎	1장	
대파 뿌리	20g	
정종	300g	
통후추	2g	
통양파	400g	
감초	2g	
물	50kg	

● 냉면 육수 만드는 법

1. 닭은 통째로 깨끗이 씻는다.
2. 육수통에 물을 50kg 담는다.
3. 무는 껍질째 씻어 통째로 육수통에 담는다.
4. 2번 통에 닭 / 양지 / 사태 / 무 외에 준비한 재료를 모두 넣는다.
5. 센불에서 약 30분 정도 끓인다.
6. 불을 중불로 줄이고 60분 끓인다.
7. 중불에서 약불로 30분 끓인다.
8. 중간중간에 떠오르는 거품과 기름은 걷어 낸다.
9. 불을 끄고, 야채와 고기는 바로 건진다.
10. 차갑게 식힌 후, 기름을 다시 건져 낸다.

동치미 / 동치미 육수

동치미 / 동치미 육수 재료 및 중량

재료	중량	원가 산출
무	2kg	
뉴슈가	30g	
천일염	100g	
양파	70g	
배	150g	
통마늘	60g	
미나리	20g	
새우젓	10g	
조미료	2g	
설탕	40g	
찹쌀 풀	100g	
사이다	350g	
물	6kg	

● 동치미 만드는 법

1. 무는 깨끗이 씻어 큼직큼직하게 썰어 놓는다.
2. 배는 큼직하게 잘라 놓고, 미나리는 5cm 길이로 썰어 놓는다.
3. 물에 천일염을 풀어 한 번 끓여서 식혀 놓는다.
4. 식힌 소금물에 썰어 놓은 무/미나리/배/양파/통마늘을 큼직하게 넣는다.
5. 나머지 양념과 사이다를 넣고 골고루 섞는다.
6. 섞은 동치미를 상온에서 약 이틀 정도 숙성 후 냉장고에 차갑게 보관한다.

다시마 멸치 육수

다시마 멸치 육수 재료 및 중량

재료	중량	원가 산출
다시마	30g	
다시 멸치	200g	
무	600g	
통마늘	200g	
통생강	60g	
통양파	200g	
대파 뿌리	20g	
물	50kg	

● 다시마 멸치 육수 만드는 법

1. 무는 껍질째 깨끗이 씻어 놓는다.
2. 양파는 껍질을 벗기고 씻어 놓는다.
3. 육수통에 물을 50kg 담는다.
4. 다시마는 통으로 준비하고 젖은 행주로 염분을 닦아 놓는다.
5. 준비된 육수통에 다시마와 멸치를 넣는다.
6. 5번에 나머지 재료를 넣고 끓인다.
7. 중간중간 거품을 걷어 낸다.
8. 센불(30분) / 중불(60분) / 약불(30분)로 조절하고 2시간 정도 끓인다.

멸치 육수

멸치 육수 재료 및 중량

재료	중량	원가 산출
다시 멸치(죽방 멸치)	200g	
보리새우	30g	
무	600g	
통마늘	200g	
통생강	60g	
통양파	500g	
대파 뿌리	20g	
다시마	20g	
고추씨	10g	
물	50kg	

● 멸치 육수 만드는 법

1. 무는 껍질째 씻어 놓는다.
2. 육수통에 물을 50kg 담는다.
3. 다시마는 젖은 행주로 염분을 닦아 육수통에 넣는다.
4. 2번 육수통에 다시 멸치/통무/통양파/통생강/보리새우/고추씨/대파 뿌리를 넣는다.
5. 중간중간에 거품은 걷어 내고, 센불/중불/약불로 2시간 끓인다.
6. 2시간 후 불을 끄고, 끓인 재료는 모두 건져 낸다.

볶은 소금

볶은 소금 재료 및 중량

재료	중량	원가 산출
천일염	1kg	

● 볶은 소금 만드는 법

1. 간수를 뺀 천일염을 준비한다.
2. 두꺼운 팬에 천일염을 넣고 나무주걱으로 은근히 1시간 정도 볶아 준다.
3. 불을 끄고 열기를 완전히 식혀, 절구 또는 믹서기에 갈아서 사용한다.

오리 육수

오리 육수 재료 및 중량

재료	중량	원가 산출
오리뼈	5kg	
닭뼈	2kg	
통마늘	200g	
월계수잎	2장	
소주	1병	
통생강	80g	
통후추	5g	
대파 뿌리	20g	
통양파	300g	
물	50kg	

● 오리 육수 만드는 법

1. 오리뼈와 닭뼈는 찬물에 약 1시간 정도 담가 건져 놓는다.
2. 팬에 건진 뼈를 살짝 소주를 붓고 볶는다.
3. 육수통에 물을 담아 볶은 뼈를 담고, 통마늘/월계수잎/통생강/통후추/대파 뿌리를 넣고 센불(30분)/중불(1시간)/약불(1시간)로 끓인다.
4. 중간중간 거품을 걷어 낸다.

칼국수면

칼국수면 반죽 재료 및 중량

재료	중량	원가 산출
밀가루	10kg	
녹말가루	400g	
식용유	300g	
소금	50g	
물	5kg	

● 칼국수면 반죽 만드는 법

1. 밀가루 반죽기에 밀가루/녹말/식용유/물/소금을 넣는다.
2. 반죽기의 타이머를 15~20분으로 맞춰 놓는다.
3. 칼국수 반죽을 꺼내 상온에 2시간, 냉장고에서 4시간 정도 숙성 후 사용한다.
4. 반죽기/밀가루 수분에 따라 반죽이 차이가 날 수 있다.

황태 육수

황태 육수 재료 및 중량

재료	중량	원가 산출
황태 머리	200g	
다시 멸치	100g	
무	600g	
통마늘	200g	
통생강	60g	
통양파	200g	
대파 뿌리	20g	
다시마	20g	
보리새우	30g	
물	50kg	

● 황태 육수 만드는 법

1. 황태 머리는 물에 20분 정도 담가 건진다.
2. 육수통에 물 50kg을 담아 놓는다.
3. 다시마는 젖은 행주로 염분을 닦아 놓는다.
4. 2번에 황태 머리/다시 멸치/무/양파/대파 뿌리/통생강/통마늘을 넣고 약 2시간 불을 조절하면서 끓인다.

부추 간장

부추 간장 재료 및 중량

재료	중량	원가 산출
진간장	200g	
설탕	50g	
고운 고춧가루	30g	
통깨	20g	
정종	50g	
부추	50~100g	
참기름	20g	
요리당	20g	
생수	200g	

● 부추 간장 만드는 법

1. 진간장에 설탕과 요리당을 넣고 골고루 섞어 설탕을 녹인다.
2. 녹인 간장에 고운 고춧가루/생수/정종을 넣고 섞은 후 통깨를 넣는다.
3. 부추는 깨끗이 씻어 송송 썰어 놓는다.
4. 먹기 직전에 만들어 놓은 간장에 부추와 참기름을 섞어 제공한다.

닭 한 마리 칼국수 양념

닭 한 마리 칼국수 양념 재료 및 중량

재료	중량	원가 산출
마른 고추	50g	
홍고추	100g	
까나리액젓	100g	
조미료	10g	
갈은 마늘	50g	
갈은 생강	20g	
갈은 양파	50g	
소주	100g	
고춧가루	150g	
설탕	20g	
요리당	50g	
실파	50g	
육수	300g	

● 닭 한 마리 칼국수 양념 만드는 법

1. 마른 고추와 홍고추/까나리액젓/육수를 믹서기에 넣고 곱게 갈아 놓는다.
2. 실파는 송송 썰어 놓는다.
3. 1번 양념에 나머지 양념을 넣고 골고루 섞어 놓는다.
4. 섞여진 양념에 썰어 놓은 실파를 섞고, 냉장고에 보관 후 사용한다.

초고추장

초고추장 재료 및 중량

재료	중량	원가 산출
고추장	1kg	
설탕	200g	
물엿	100g	
식초	200g	
생강즙	50g	
사이다	200g	

● 초고추장 만드는 법

1. 고추장에 설탕/물엿을 넣고 거품기로 충분히 저어 설탕을 녹인다.
2. 1번 양념에 생강즙과 사이다를 조금씩 넣어가면서 고추장을 풀어 놓는다.
3. 풀어 놓은 고추장에 식초를 넣고 섞는다.
4. 냉장 보관 후 사용한다.

도가니 양념장 및 고깃장

도가니 양념장 및 고깃장 재료 및 중량

재료	중량	원가 산출
진간장	800g	
물엿	200g	
설탕	200g	
정종	100g	
통후추	5g	
편마늘	100g	
마른 고추	5g	
양파	200g	
물	1.2kg	

● 도가니 양념장 및 고깃장 만드는 법

1. 냄비에 간장과 물엿/설탕/통후추/편마늘/마른 고추/양파/물을 넣고 약한 불에서 은근히 끓인다.
2. 끓이는 중간에 정종을 넣는다.
3. 양념이 반쯤 졸여지면 불을 끄고, 체에 걸러 놓는다.
4. 완전히 식혀 냉장 보관한다.
5. 도가니 양념으로 사용할 경우 고깃장에 갈은 마늘/와사비를 넣는다.
6. 고깃장으로 사용할 경우 와사비만 넣고 사용한다.

매운 양념(다데기)

매운 양념(다데기) 재료 및 중량

재료	중량	원가 산출
마른 고추	20g	
홍고추	50g	
새우젓	100g	
조미료	10g	
갈은 마늘	50g	
갈은 생강	10g	
갈은 양파	30g	
소주	100g	
매운 고춧가루	100g	
설탕	10g	
육수	200g	

● 매운 양념 만드는 법

1. 마른 고추와 홍고추/새우젓을 믹서기에 넣고 육수를 붓고 갈아 놓는다.
2. 1번 양념에 고춧가루를 넣고 불린다.
3. 불린 고춧가루에 갈은 마늘/갈은 양파/갈은 생강/조미료/소주/설탕을 넣고 골고루 섞어 놓는다.
4. 냉장고에 보관 후 사용한다.

겨자 간장

겨자 간장 재료 및 중량

재료	중량	원가 산출
진간장	500g	
설탕	100g	
발효 겨자	100g	
정종	20g	
생수	300g	

● 겨자 간장 만드는 법

1. 30℃ 정도의 따뜻한 물에 발효 겨자를 동량으로 넣고, 빠르게 저어 톡 쏘는 향이 나오게 발효시킨다.
2. 진간장에 설탕을 넣고 충분히 녹인다.
3. 설탕을 녹인 간장에 발효 겨자와 생수/정종을 넣고 섞는다.
4. 냉장고에 보관 후 사용한다.

비빔 고추장

비빔 고추장 재료 및 중량

재료	중량	원가 산출
고추장	500g	
매실액	100g	
갈은 마늘	50g	
설탕	30g	
통깨	10g	
정종	50g	
사이다	100g	

● 비빔 고추장 만드는 법

1. 고추장에 설탕을 섞어 저어가며 녹인다.
2. 1번 양념에 사이다/정종을 붓고 매실액을 넣어 골고루 섞는다.
3. 섞여진 비빔장에 나머지 재료를 넣고 섞어 냉장 보관 후 사용한다.

간단한 불고기 양념장

간단한 불고기 양념장 재료 및 중량

재료	중량	원가 산출
간장	150g	
설탕	60g	
배	100g	
다진 파	30g	
갈은 마늘	40g	
정종	50g	
후춧가루	2g	
참기름	20g	
통깨	10g	
파인애플	20g	
생수	100g	

● 간단한 불고기 양념장 만드는 법

1. 배와 파인애플은 믹서기에 곱게 갈아 놓는다.
2. 간장과 생수를 섞는다.
3. 섞여진 간장에 설탕을 넣고 거품기로 저어가면서 설탕을 충분히 녹인다.
4. 설탕을 녹인 간장에 갈은 배와 파인애플을 넣고 섞는다.
5. 배합된 양념에 나머지 양념을 넣고, 6시간 숙성 후 불고기 양념장으로 사용한다.

와사비 간장

와사비 간장 재료 및 중량

재료	중량	원가 산출
진간장	500g	
설탕	200g	
와사비	100g	
정종	100g	
생수 또는 육수	300g	

● 와사비 간장 만드는 법

1. 와사비 가루는 찬물을 넣고 골고루 섞어 놓는다.
2. 1번 와사비에 진간장 / 설탕을 넣고 거품기로 저어가며 설탕을 완전히 녹인다.
3. 녹여진 간장에 생수 또는 육수를 섞고 정종도 섞는다.
4. 정종 대신 김이 빠진 소주를 사용하기도 한다.

수제비 반죽

수제비 반죽 재료 및 중량

재료	중량	원가 산출
밀가루	10kg	
녹말가루	500g	
식용유	500g	
소금	50g	
물	5.5kg	

● 수제비 반죽 만드는 법

1. 반죽기에 밀가루/녹말가루/식용유/소금/물을 넣는다.
2. 약 20분 정도로 타이머를 맞춰 놓는다.
3. 수제비 반죽을 비닐에 담아 상온에서 4시간 숙성시킨다.
4. 숙성된 반죽을 한 번 치대고, 냉장고에서 3시간 숙성시킨 후 사용한다.

달래 간장

달래 간장 재료 및 중량

재료	중량	원가 산출
진간장	200g	
설탕	20g	
고운 고춧가루	30g	
통깨	20g	
정종	50g	
달래	50~100g	
참기름	20g	
요리당	10g	
생수	200g	

● 달래 간장 만드는 법

1. 진간장에 설탕과 요리당을 넣고 골고루 섞어 설탕을 녹인다.
2. 녹인 간장에 고운 고춧가루/생수/정종을 넣고 섞은 후 통깨를 넣는다.
3. 달래는 뿌리를 다듬고 깨끗이 씻어 건진 후 1cm 길이로 썰어 놓는다.
4. 먹기 직전에 만들어 놓은 간장에 달래와 참기름을 섞어 제공한다.

❖ 식자재 물품 예상 원가표

야채류	중량 100g
당근	250원
양파	200원
청양고추	800원
홍고추	250원
대파	500원
콩나물	200원
태국고추	170원
양배추	200원
실파	400원
갈은생강	350원
갈은마늘	400원
깻잎	200원
통마늘	400원
통생강	350원
고구마	400원
청경채	800원
피망	500원
파프리카	800원
브로콜리	600원
양상추	700원
오이	400원
부추	600원
파슬리가루	100원
샐러리	700원
비타민	600원
김치	120원
미나리	700원
적채	700원
무	600원
배추	1통/2,000원
쑥갓	600원
감자	250원
호박	500원
옥수수	400원
단호박	1,200원
팽이버섯	500원
새송이버섯	600원
마른홍고추	800원
묵은지	200원
양송이버섯	800원
느타리버섯	500원
겨자채	600원
케일	600원
참나물	300원
숙주	350원
표고버섯	350원
묵	200원

야채류	중량 100g
무말랭이	800원
단무지	350원
우거지	500원
서리태	120원
쌀	200원
밤콩	100원
레몬	600원
무순	500원
도라지	700원
고사리	800원
상추	700원
새싹	900원
당귀잎	400원
겨자잎	400원
케일잎	400원
비트잎	400원
신선초	400원
레드치커리	400원
로즈잎	400원
쌈추	400원
토란대	600원
시래기	500원
쥬키니호박	400원

해물류	중량 100g 및 마리
낙지	500원
오징어	1마리/900원
가리비	1개 700원
홍합	300원
절단꽃게	700원
대하	1개당 700원
그린	500원
맛조개	800원
냉동참치	2,500원
게맛살	400원
해파리	400원
마른오징어	1마리/1,500원
백합조개	800원
동죽	500원
모시조개	700원
대합	1,000원
중합	800원
대맛조개	800원
민들조개	700원
곤약	200원
동태알	300원
대구고니	800원

해물류	중량 100g 및 마리
대구알	900원
주꾸미	800원
보리새우	1,000원
굴	900원
조개살	1,500원
깐새우	2,500원
키조개	1개/1,200원
황태	1마리/1,800원
장어	1마리/4,000원
칵델새우	100/1,800원
아귀	1마리/3,000원
꽃게	1마리/1,200원
미더덕	1,000원
황태채	1,500원
관자	800원
바지락	400원
새우젓	500원
날치알	3,000원
모둠회	1,200원
멍개	2,500원
우렁이	800원
한치알	900원
전복	1마리/3,000원
생선알	100/900원
동태	1마리/1,500원
고니	600원
고등어	1마리/1,500원
숭어	1마리/2,500원
우럭	1마리/2,500원
병어	1마리/900원
갈치	1마리/4,000원
가자미	1마리/1,200원

고기류	중량 100g
오돌뼈	300원
곱창	200원
닭가슴살	700원
족발	1kg/4,000원
훈제오리	900원
생닭	한 마리/4,500
돼지껍데기	200원
돼지목살	900원
닭발	300원
소고기민찌	800원
소불고기	1,300원
오리고기	800원
삼겹살	900원

고기류	중량 100g
우삼겹	1,300원
닭모래집	300원
돼지갈비	1,300원
소갈비	1,700원
등갈비	900원
순대	400원
소고기기름	200원
샤브소고기	1,200원
샤브오리	700원
전지	800원
닭봉	800원
양지머리	1,600원
사태	1,400원
돼지민찌	600원
육회	3,000원
양	100/400원
오소리감투	100/350원
머릿고기	100/300원
허파	100/200원
간	100/200원
삼계닭	1마리/1,800원
돼지등뼈	100/250원
소뼈	100/500원
도가니	100/1,200원
힘줄	100/400원
차돌박이	100/1,000원

밀가루류 및 양념	중량 100g
국수	150원
밀가루	900원
녹말	150원
우동	300원
통깨	800원
참기름	700원
후춧가루	2,000원
정종	400원
된장	150원
고추장	200원
당면	300원
떡볶이떡	200원
오뎅	250원
달걀	1개/150원
소주	300원
수제소시지	900원
올리브오일	1,400원
모짜렐라치즈	900원
나쵸	800원

밀가루류 및 양념	중량 100g
치킨파우더	400원
식용유	200원
우유	180원
소금	250원
흑임자	200원
설탕	120원
설탕시럽	800원
얼음	60원
들깨가루	500원
머스터드	400원
빵가루	200원
마요네즈소스	400원
두부	150원
고추기름	1,000원
커피가루	700원
버터	900원
혼합어묵	300원
부대찌개햄	800원
소시지	120원
베이컨햄	900원
베이키드빈	600원
떡국떡	200원
갈은햄	500원
고춧가루	800원
슬라이스치즈	250원
케찹	200원
가쓰오부시	800원
칼국수면	170원
칠리소스	700원
와사비가루	350원
식초	100원
매실액	900원
사이다	200원
겨자	400원
요리당	170원
찹쌀가루	180원
통후추	1,600원
흰물엿	200원
납작당면	1,200원
와인	700원
들깨가루	600원
만두	400원
김가루	200원
메밀국수	200원
막국수	200원
쫄면	150원
후리가께	200원

밀가루류 및 양념	중량 100g
찹쌀	250원
팥국물	250원
녹두	1,000원

과일류	중량 100g
방울토마토	400원
토마토	300원
파인애플	1통/3,000원
사과	1개/400원
수박	500원
키위	400원
메론	400원
체리	1,000원
바나나	200원
잣	2,500원
건포도	200원
은행	300원
밤	900원
대추	800원
인삼	1뿌리/900원
배	1개/1,500원
땅콩	100/400원
수삼	1뿌리/700원
찹쌀누룽지	900원
황기	1,500원
엄나무	1,000원
검은찹쌀	300원
호두	8,000원
녹각	4,000원
생콩비지	300원

캔류	중량 100g
참치캔	800원
후르츠칵텔	250원
황도캔	1통/1,600원
조림체리캔	600원
파인애플캔	300원
오렌지주스	100원
햄캔	1,000원
번데기캔	800원
사골육수	300원
꽁치캔	1캔/1,700원

외식 창업자를 위한 주방장의

노하우 비법 노트 책의 구성

하나. 대박 식당에 꼭 필요한 각각의 메뉴 60여 가지를 수록하였습니다.
둘. 각각의 메뉴에 어울리는 찬류와 소스 20가지를 수록하였습니다.
셋. 쉽게 공개하지 않는 육수와 각종 양념 / 면류·반죽 만들기 비법 24가지를 수록하였습니다.

				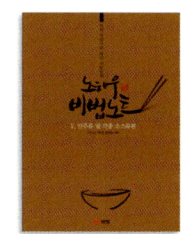
Ⅰ. 스페셜 메뉴편	Ⅱ. 고기류외편	Ⅲ. 탕류편	Ⅳ. 면류편	Ⅴ. 안주류 및 각종 소스류편
184쪽 ǀ 28,000원	184쪽 ǀ 26,000원	184쪽 ǀ 26,000원	184쪽 ǀ 26,000원	184쪽 ǀ 26,000원

BM 성안당
주소 121-838 서울시 마포구 양화로 127 첨단빌딩 5층(출판기획 R&D센터) / 413-120 경기도 파주시 문발로 112(제작 및 물류)
전화 02-3142-0036, 031-955-0511 ▪ 팩스 031-955-0510